PSICOLOGÍA
EN SALUD

PSICOLOGÍA EN SALUD

Olga M. Salaverry

Número de Control de la Biblioteca del Congreso de EE. UU.:   2012922071
ISBN: Tapa Dura   978-1-4633-4437-5
                       Tapa Blanda   978-1-4633-4436-8
                       Libro Electrónico   978-1-4633-4438-2

Este libro fue impreso en los Estados Unidos de América.

Fecha de revisión: 25/06/2013

Para realizar pedidos de este libro, contacte con:
Palibrio LLC
1663 Liberty Drive
Suite 200
Bloomington, IN 47403
Gratis desde EE. UU. al 877.407.5847
Gratis desde México al 01.800.288.2243
Gratis desde España al 900.866.949
Desde otro país al +1.812.671.9757
Fax: 01.812.355.1576
ventas@palibrio.com
405154

Al esfuerzo de mi madre Olga,

Esposo, Hermanos.

Sergio, Christopher, Justin, Diego, Grisel, Katherina,

"El equilibrio es como una roca.
Veo con claridad y actuó con rapidez."

Florence Scovel

"No hay ningún secreto en el equilibrio.
Lo único que necesitas es sentir las olas."

Frank Herbert

"El hombre actual ya no es capaz de crear fábulas.
Por ello se le escapan muchas cosas, pues es importante y
saludable hablar también de cosas inaccesibles"

Carl Gustav Jung

"No somos nosotros mismos cuando la naturaleza oprime y
la mente ordena sufrir con el cuerpo."

William Shakespeare,

ÍNDICE

Desde que el hombre existe en el planeta, ha buscado la manera de enfrentar y retar a la naturaleza y miles de veces lo ha logrado y muchas otras veces no ha podido, la mayor lucha que tiene el hombre con la naturaleza es enfrentar a las diversas enfermedades que han existido y muchas veces lo ha logrado, entre tantas luchas del hombre no queda atrás el interés que tuvo y tiene por conocer la esencia misma de la naturaleza humana, pues en esa lucha el hombre ha podido encontrar diversas formas de entenderla, las diversas filosofías del mundo han buscado y siguen buscando una mejor manera de vivir, existen muchas teorías que nos llevan a entender cuál es nuestra esencia fundamental como ser humano, es por eso que la ciencia nos ha brindado la oportunidad y la capacidad de conseguir una mejor vida y por ende una mejor adaptación al mundo.

En el afán de buscar una vida plena y saludable el hombre busca conocer la esencia humana, sabemos que somos seres Biológicos, Psicológicos, Sociales y Espirituales (PBSE) y la interconexión de estos cuatro componentes (PBSE) conforma la totalidad humana, caracterizada por la capacidad de adaptación que nos permita un mejor desarrollo personal, social, en busca del progreso, la evolución y la integración personal.

Para poder entender plenamente esta totalidad debemos partir del concepto de universalidad y el entendimiento de las leyes naturales, universales y cósmicas, y de qué manera estamos ligados a estas leyes, debemos comprender de que manera funciona nuestro cuerpo, sabemos que el cerebro es el centro principal de vida es el que controla cada rincón de nuestro cuerpo, las células de todo nuestro cuerpo son controladas y dirigidas por nuestro cerebro, la falla de alguna parte de nuestro cerebro produce la falla en alguna parte en nuestro organismo.

Actualmente se ha propagado el interés en todo el mundo de buscar una mejor vida, de vivir más satisfactoriamente, por lo que se recurre a la búsqueda de filosofías y técnicas que nos permitan lograr este objetivo es así que mayor cantidad de personas practican yoga, taichí, meditación, relajación, etc., así como diversos tipos de ejercicio para lograr el control mental y por ende el control del organismo.

Nos planteamos como objetivo facilitar los recursos necesarios para lograr el equilibrio interno y encontrar una adaptación más satisfactoria entre el ser biológico, el ser psicológico, el ser espiritual y el ser social, inmersos en cada persona, a este equilibrio lo llamaremos el equilibrio BioPsiSoEs.

Entendamos paso a paso lo que hemos llamado el BIOPSISOES y de esta forma lograremos encontrar la esencia de nuestro ser, una mejor adaptación al medio ambiente, social y una vida más plena.

LAS LEYES UNIVERSALES, CÓSMICAS Y FISICAS EN LA ESTRUCTURA CEREBRAL

El universo el mundo y nuestras propias vidas se rigen por leyes, todo cuanto existe en el universo se rige por leyes llamadas leyes universales que rigen y controlan cuanto existe, las leyes naturales rigen y controlan la naturaleza, las leyes sociales rigen y controlan las conductas sociales humanas; las leyes existen en todo cuanto conocemos y desconocemos, existen igualmente leyes cósmicas que rigen y gobiernan cuanto existe en el universo, las leyes cósmicas constituyen las fuerzas que gobiernan este mundo son tan exactas y poderosas que no hay nada microscópico o poderoso que escape a su acción y efecto. Podemos considerar que estas leyes cósmicas son las que en conjunto forman el sistema de leyes que rigen el universo, cada partícula viviente cada elemento constitutivo de la materia es gobernada por estas leyes cósmicas; dentro de este sistema de leyes no existe una sola palabra, ni pensamiento, ni vibración, ni un solo átomo que escape a su acción.

Conociendo la existencia de las leyes físicas resultará fácil explicar los hechos y eventos que ocurren diariamente y entender que no son causadas por ningún poder desconocido y diferente sino que son causadas por las fuerzas que componen el sistema de las leyes que lo rigen; es así como sabemos que no hay efecto sin causa en todo accionar, pensamiento, emoción o sentimiento todo esto es producto de una serie de sucesos producidos con anterioridad y por consiguiente, la ley de la causalidad se cumple inevitablemente. Muchas teorías filosóficas concluyen en que cada ser es dueño absoluto de su propio desarrollo, destrucción o progreso, y que dichas leyes imprescindiblemente actúan sobre él y lo llevan a la realización de su misma esencia, es así que podemos decir con toda claridad que cada uno es constructor y dueño de su propia imagen y de su propia vida, por eso es necesario conocer estas leyes para llegar a entender y buscar la forma de lograr la realización personal; la ley se cumple bajo cualquier circunstancia para todos los seres de la creación y para el universo en general.

Muchas veces nos hacemos preguntas como, ¿Qué hace Dios con nosotros?, ¿Por qué nos castiga?, ¿qué he hecho para merecer ese castigo?, o ¿Por qué fulano tiene tanta suerte?, estas preguntas son muy frecuentes entre las personas, pero por qué no nos preguntamos ¿que hago para cambiar mi suerte?, ¿Qué hago yo para que no me pasen esas cosas que me hacen sentir tan mal? Siempre sentimos que no somos merecedores de lo que nos ocurre, pero realmente ¿que hacemos para cambiar esto? lo más probable es que no hagamos nada, esperamos que un golpe de suerte cambie nuestro futuro, nuestro destino sin llegar a entender que está en nuestras manos y que lo único que debemos hacer es tomar en cuenta las leyes que rigen nuestra existencia.

Si tomáramos en cuenta que estas leyes se cumplen y que somos capaces de cambiar nuestras vidas entenderemos que Dios no es culpable, el vecino no es culpable, mi familia no es culpable, ninguna persona es culpable de lo que me ocurre, y solo yo soy responsable de mi propia vida y si las cosas no cambian es porque en alguna medida consciente o inconscientemente no queremos cambiarlas, no intentamos cambiarlas, o simplemente no sabemos cómo cambiarlas.

Para poder entender las leyes universales debemos entender y conocer algunas de las leyes físicas como son:

- La teoría de la causalidad que sostiene que toda causa tiene un efecto,

- La teoría de la gravitación, dice que todo lo que sube tiene que bajar,

- La teoría matemática donde la suma de las partes es el todo

- La teoría de la materia que afirma que la materia no se destruye solo se transforma y toda materia consta de una energía que la controla y le da vida.

El ser humano como parte de la naturaleza y del universo no escapa a estas leyes, los seres humanos somos organismos vivientes, dotado con un cerebro diferencial entre las diversas especies biológicas del mundo, con un desarrollo evolutivo ontopsicogenético marcando de esta manera la diferencia con las demás especies biológicas.

El inicio de vida humana se marca con la formación del cerebro y el sistema nervioso central (SNC); el cerebro como materia es poseedor de una energía que da vida y fuerza logrando la evolución biológica y posteriormente el desarrollo mental esta energía que a su vez es parte de la energía universal dador de vida, que si quisiéramos explicarnos de una manera más simple como es esta energía la compararíamos como semejante a la energía solar en un sistema planetario; como la fuente de energía de un planta eléctrica, la llave principal de luz en una casa, la definiremos como la chispa de vida. Nuestro cerebro debido a su evolución filogenético y ontogénica que ha logrado desarrollarse, permite que el hombre sea capaz de poder manejar su propia vida llevándolo a buscar su satisfacción, bienestar, y progreso, esta energía es de continua y perfecta elaboración, ya que ni un solo instante en la vida cesa en su poderosa actividad.

La energía universal es una fuente multiplicadora compuesta por átomos que a su vez está compuesta por electrones e iones que se fusionan armónicamente entre ellos, para dar origen a la fuerza de la energía de vida deseada, esta energía como parte de la energía cerebral usa como medio de transporte al SNC a través del sistema axial de las neuronas que conforman el sistema nervioso, repartiendo esta energía en las diversas áreas del cerebro que son las que van a producir la vida biológica y la vida psicológica individual; la complejidad del funcionamiento del cerebro se debe al funcionamiento integral de la neurona, estas son portadoras de la energía cerebral a través de los axones de las neuronas que trasmiten los potenciales de acción a diferentes partes del cuerpo depositándolas en las células receptoras especificas siendo su función más importante la de administrar los recursos energéticos para controlar comportamientos que aseguren la sobrevivencia del sujeto, el cerebro regula el comportamiento electro químico neuronal activando músculos, produciendo secreción química tales como las hormonas, a través de los neurotransmisores que son los encargados de llevar la información dentro del cerebro provocando la transmisión del impulso nervioso, esta transmisión es energía bioquímica procedente del metabolismo celular como desencadenante de las reacciones neuronales, este metabolismo se encarga de evitar la deficiencia de cargas dentro de las neuronas, la ley de Llinás o ley de la intercambiabilidad (1988) establece que la funcionalidad de las neuronas son diferentes incluso si la conexión sináptica es idéntica las propiedades electrofisiológicas son diferentes, afirma que en algunas células la conducción iónica responsable de la excitabilidad están dotados de propiedades oscilatorias eléctricas auto rítmicas, los contactos químicos y eléctricos de la sinapsis de estas neuronas resultan a menudo de oscilaciones o resonancia de la red nerviosa, estas tienen diferentes roles de funcionalidad tales como la determinación de los estados funcionales globales como el sueño y la vigilia; la función de tiempo en la coordinación motora y la especificación de conectividad durante su desarrollo.

Estas propiedades eléctricas de las neuronas centrales auto rítmicas y su conectividad forman la base para un sistema de coordenadas intrínsecas que proporcionan el contexto interno a la entrada sensorial; la naturaleza funcional del cerebro es llamada bioelectricidad y este comportamiento es esencialmente realizado por los neurotransmisores.

En el ser humano pensante existen fuerzas de orden electromagnéticas que parten del cerebro, estas órdenes electromagnéticas son el llamado proceso mental que da paso a la conciencia humana conocida como pensamiento, intuiciones, razonamientos, etc.; la mente humana es una fuente generadora de energía que proporciona al cerebro las energías necesarias para su función de regulación y sincronización; estas fuerzas mentales, poseedoras de energía magnética están conectadas con las fuerzas emanadas y desprendidas del cosmos que se absorben por irradiación e imantación que se transforman y dan lugar a la onda mental, el cerebro es materia biofísica con energía eléctrica que al producir la vibración mental absorbe la energía cósmica, esta energía es de carácter revitalizante, renovador y transformador que penetra constantemente por irradiación vibratoria atraídas por las fuerzas o energía electromagnéticas de los seres, transformando y produciendo las renovaciones celulares en los organismos dando paso a la función de metabolismo inconsciente.

Todo ser humano está compuesto por un cuerpo físico o biológico, un cuerpo espiritual y un cuerpo psicológico o emocional, cada uno de estos tres cuerpos posee una función propia manteniendo relación directa con los otros dos cuerpos, pero siempre conservando la autonomía de cada uno. Si la persona consigue la armonía entre estos tres cuerpos tendrá un equilibrio interno y como consecuencia el bienestar biológico, psicológico, social y espiritual.

Cuando esta energía es manejada por la voluntad y la constancia, va absorbiendo el mayor número de electrones en sus cargas y desprendiéndose en su acción energética, los electrones negativos y positivos que son los que densifican a los cuerpos, es así como la actividad mental pone en actividad la corriente mental que lo caracteriza y al ponerse en contacto con otros cuerpos va adquiriendo con el tiempo mayor potencialidad.

Un ejemplo de energía mental es un pensamiento; con este la mente se pone en actividad de tal forma que puede dominar la voluntad de la persona cuando ocurre esto estamos hablando de un pensamiento fijo u obsesivo, basta con crear un pensamiento y la mente puesta en actividad puede canalizar dicho pensamiento hasta convertirlo en una idea imperante, es decir se ha puesto en acción los elementos que lo constituyen y aumenta su potencialidad, siempre que quieras manejar un pensamiento es necesaria la voluntad y la perseverancia, es así que existen diversos ejercicios apropiados para lograr controlar la mente y así poder controlar y tomar control de nuestros pensamientos y emociones, estos son ejercicio de concentración, de meditación, estos ejercicios ponen en vibración las moléculas cerebrales logrando la conexión de dichos cuerpo con el equilibrio del YO interior que está constituido por la armonización biológica y psicoemocional del ser humano, esta armonización hace posible la perfecta adaptación al medio social, permitiendo la adaptación saludable y favorable al medio socio natural al que se pertenece. Esta armonía del yo interior se caracteriza por la vibración de sus moléculas internas que hacen posible la comunicación entre los cuerpos físico, emocional y espitual de manera que los centros sensoriales logren un mayor sincronización entre ellos para superar las barreras físico mentales.

Existen ejercicios que ayudan al control mental como son el yoga, la meditación, de concentración, que permiten una mayor actividad de la corriente mental que va aumentando su potencialidad permitiendo un mayor control de los pensamientos a través de la sincronización de las moléculas del organismo logrando desplazarse libremente y sobretodo permitir el descubrimiento del Yo interior para poder reconocer nuestras limitaciones y superarlas.

El pensamiento es el conductor de la energía en el cuerpo humano la energía electromagnética viaja de forma inconsciente por las células neuronales, dirigiéndose a las diversas áreas sensitivas del cuerpo, si estos pensamientos se vuelve conscientes para el ser humano entonces podrá encontrar los recursos que lo ayuden a superar los aspectos de su vida que le producen malestar e incomodidad para encontrar el bienestar físico, emocional y espiritual.

La salud física está relacionada con el fluir de la información a través de nuestro cuerpo, un flujo fuerte y continuo significa salud, mientras que un flujo débil e interrumpido nos indica el comienzo de la enfermedad, aun cuando los síntomas no sean visibles, en la mayoría de los casos, el proceso natural de la enfermedad tanto física como mental no es un síntoma de debilidad, sino la manifestación de la vitalidad de un organismo que intenta desbloquear el flujo de energía para restablecer la energía vital posible y lograr el equilibrio.

Nuestro cerebro posee tres niveles de conciencia llamadas línea de conciencia, estos niveles de conciencia cerebral brindan salud mental la cual está relacionada al flujo de la información llamado el pensamiento, estos son:

a) 1ª línea de conciencia compuesta por el Cerebro Instintivo o complejo cerebral reptiliano. Controla las funciones automáticas del organismo como son las funciones vitales.

b) 2ª línea de conciencia está compuesta por el Cerebro Emocional o sistema límbico. Este corresponde al nivel afectivo y los sentimientos, relacionado con las emociones y la motivación,

c) 3ª línea de conciencia compuesta por el Cerebro Intelectual o corteza cerebral. Esta corresponde a los procesos cognitivos, relacionado a la racionalidad.

Estos tres niveles de conciencia funcionan interconectados entre sí, cada uno con su propia memoria y función, el desequilibrio entre estas produce trastornos y enfermedades, por lo tanto no existe la mente separada del cuerpo, por lo que los problemas personales interfieren en el funcionamiento psicobiológico individual.

Las experiencias de vida se almacenan en la memoria a través de un proceso electro-químico, en los llamados recuerdos y estos se quedan impresos en el cerebro y constantemente están intentando completar el camino al nivel consciente superior, cuando estos recuerdos logran llegar al nivel de conciencia se convierten en pensamientos, pero cuando este pensamiento es confuso y desagradable experimentamos respuestas viscerales y emocionales que van a interferir en nuestro vida de diversas formas, es aquí cuando el cerebro empieza a producir la represión y bloquea la información pero se queda grabado en nuestro cerebro como una respuesta automática que aparecerá como una reacción ante estímulos similares de manera que vamos a reaccionar ante nuevas situaciones con las emociones y/o reacciones viscerales grabadas de nuestro pasado.

Existen muchas técnicas y terapias que ayudan a bloquear este flujo de información cerebral que se maneja de manera inconsciente, así como también existen técnicas y terapias utilizadas para racionalizar, entender y procesar adecuadamente dicha información es por eso importante y necesario trabajar desde el cerebro hacia el cuerpo, conectándose con los sentimientos, pensamientos, emociones, que despiertan nuestras sensaciones corporales, para liberarnos de los trastornos mentales y problemas físicos relacionados.

Debido a su funcionalidad y estructuración el cerebro se convierte en el órgano más importante en todas las especies y el ser humano no es la excepción, el cerebro es el motor principal para el buen funcionamiento de todos los órganos del cuerpo, es el motor de vida, es quien controla y maneja todo nuestro cuerpo, nuestra vida emocional y nuestra vida social, el cerebro es quien regula nuestras actividades cotidianas.

El cerebro contiene varios billones de células llamadas neuronas y su interconexión proporcionan la base física que permite el funcionamiento cerebral, estos circuitos formados por las células nerviosas o neuronas, es capaz de procesar la información sensorial procedente del mundo exterior y del propio cuerpo, el cerebro desempeña funciones sensoriales, funciones motoras y funciones de integración definidas y asociadas con diversas actividades mentales, como son la memoria, el lenguaje, la escritura y la respuesta emocional, entre otros.

El cerebro tiene a su cargo las funciones motoras, sensitivas y de integración. El hemisferio cerebral izquierdo está especializado en producir y comprender los sonidos del lenguaje, el control de los movimientos hábiles y los gestos con la mano derecha. El hemisferio derecho está especializado en la percepción de los sonidos no relacionados con el lenguaje, en la percepción táctil y en la localización espacial de los objetos.

En el lóbulo occipital se reciben y analizan las informaciones visuales, en los lóbulos temporales se gobiernan ciertas sensaciones visuales, auditivas, y movimientos voluntarios de los músculos que están regidos por las neuronas localizadas en la parte posterior de los lóbulos frontales, en la llamada corteza motora.

Los lóbulos frontales están relacionados también con el lenguaje, la inteligencia y la personalidad, aunque se desconocen funciones específicas en esta área. Los lóbulos parietales se asocian con los sentidos del tacto y el equilibrio. En la base del encéfalo se sitúa el tronco cerebral, que controla la respiración, la tos y el latido cardíaco, el cerebelo coordina el movimiento corporal manteniendo la postura y el equilibrio.

Las áreas cerebrales que gobiernan las funciones como la memoria, el pensamiento, las emociones, la conciencia, la personalidad y la memoria está vinculada al sistema límbico, situado en el centro del encéfalo, por lo que respecta a las emociones, se sabe que el hipocampo controla la sed, el hambre, la agresión y las emociones en general, los impulsos procedentes de los lóbulos frontales se integran en el sistema límbico, llegando al hipotálamo donde se regula el funcionamiento de la glándula hipófisis, productora de varias hormonas responsables del funcionamiento del organismo, en el cortex cerebral donde se integran las capacidades cognitivas, donde se encuentra nuestra capacidad de ser conscientes, de establecer relaciones y de hacer razonamientos complejos.

El procesamiento de la información sensorial de nuestro cuerpo, las respuestas motrices y emocionales, el aprendizaje, la conciencia, la imaginación y la memoria son funciones que se realizan por circuitos formados por neuronas interrelacionadas a través de los contactos sinápticos.

El sistema límbico ó el cerebro emocional está formado por varias zonas diferentes que evolucionaron con el tiempo, generalmente la naturaleza no desechaba las áreas más antiguas por el contrario evolucionaron. La parte más primitiva de nuestro cerebro, es el llamado cerebro reptil, se encarga de los instintos básicos de la supervivencia como el deseo sexual, la búsqueda de comida y de las respuestas de agresividad o de huida, la respuesta sexual y la búsqueda de comida estas son respuestas automáticas y programadas por la corteza cerebral, a través de circuitos que se encargan de seleccionar una respuesta inmediata ante un estimulo y son las llamadas respuestas instintivas.

Se ha demostrado que gran parte del comportamiento humano se origina en zonas profundamente enterradas del cerebro, las mismas que en un tiempo dirigieron los actos vitales de nuestros antepasados, el neurofisiólogo Paul MacLean", del Instituto Nacional de Salud Mental de los EE.UU., sostiene que "tenemos en nuestras cabezas estructuras cerebrales muy parecidas a las del caballo y el cocodrilo, nuestro cerebro primitivo de reptil, que se remonta a más de doscientos millones de años de evolución, y aún dirige parte de nuestros mecanismos de sobrevivencia como son las conductas adoptadas para cortejar, casarse, buscar hogar, protegerse de las amenazas, etc. y el que es responsable de muchos de nuestros ritos y costumbres sociales.

El sistema límbico, conocido como cerebro medio, es la porción del cerebro situada inmediatamente debajo de la corteza cerebral, y que comprende el tálamo, hipotálamo, el hipocampo, la amígdala cerebral, son las que dirigen nuestras emociones como el temor o la agresión; en el ser humano estos son los centros de la afectividad donde se procesan las distintas emociones que el hombre experimenta como las penas, angustias, alegrías, la amígdala tiene la función de procesar las emociones, una lesión en la amígdala el sujeto se vuelve incapaz de expresar sus emociones adecuadamente; el sistema limbico y la corteza cerebral interactúan logrando el control de las emociones.

Con la evolución del cerebro se desarrolla el neocortex o cerebro racional llevando a los instintos, impulsos y emociones a la capacidad de pensar de forma abstracta y de la comprensión del medio en el que se vive y de esta manera desarrollar el Yo consciente, entendiendo las emociones y sentimientos; la corteza cerebral es el área interconectada al cerebro y la que marca la diferenciación humana, la mayor parte de nuestro pensamiento, lenguaje, imaginación, creatividad y capacidad de abstracción, proviene de esta región cerebral, el neocortex desarrolla la inteligencia y nos da la capacidad del autocontrol de nuestras emociones, el lóbulo frontal y pre-frontal conducen las emociones a través de dos funciones principales una es el control de las reacciones emocionales y la segunda es la capacidad de responder a situaciones extremas.

Cognición y Emoción

La cognición son los procesos mentales superiores que nos permiten interactuar con el medio exterior, estos procesos cognitivos son la mente, el razonamiento, la inteligencia, el aprendizaje, la memoria, el pensamiento, brindándonos la capacidad de adaptación a la vida diaria, debemos considera como los procesos esenciales de la cognición a la percepción, la atención, el lenguaje y el procesamiento racional conformado por la capacidad de análisis y síntesis del pensamiento expresando las diversas situaciones de la vida diaria, estos procesos cognitivos resultan de la interacción de la información externa e interna que influye en los estados emocionales y a la consciencia del individuo y da como resultado las verbalizaciones, auto-verbalizaciones, pensamientos automáticos y la maduración de la información a través de la actividad del pensamiento constituidos esencialmente por las percepciones.

La percepción es la información acumulada por los cinco sentidos de contenido fisiológicos, son las actividades sensoriales que provienen del conocimiento de los objetos, es decir es la representación cerebral consciente del entorno que es activada por las entradas sensoriales; el proceso cognitivo es un proceso de relación cerebral, que a través de las neuronas y de las interacciones electroquímicas utilizan dispositivos electrónicos transportados por las dendritas neuronales logrando así la relación entre las diferentes estructuras y funciones cerebrales, procesando la información sensorial analizándola e integrándola con la información previamente analizada de experiencias anteriores.

Dentro de los procesos cognitivos las emociones juegan un papel muy importante debido a su relación directa con las respuestas cognitivas, la emoción es una respuesta fisiológica que tiene una base biológica, las emociones tienen la función principal de la autoprotección y la autorregulación del organismo frente a situaciones externas, estas respuestas emocionales son automáticas y no requieren de un control consciente, las emociones son respuestas saludables que responden a los estímulos exteriores y tienen la función de adaptación y protección; la ira, la colera, el miedo la alegria, la trsiteza son emociones a través de las cuales los impulsos actúan y que a la vez son respuestas de los sentimientos. El cerebro a través del proceso químico responde produciendo hormonas como la adrenalina, esta corre por la sangre a todo el cuerpo acelera el ritmo cardiaco impulsando la acción de ira asociado al sentimiento de cólera, indignación, fastidio, hostilidad, violencia, el miedo produce en el organismo un estado de alerta produciéndose una acción evasiva, con sentimientos de ansiedad, nerviosismo, inquietud, etc., estas respuestas son los desencadenantes de nuestros estados de ánimo.

La emoción desencadena sentimientos en el ser humano y se producen respuestas como conductas automáticas como consecuencia de procesos neuroquímicos y cognitivos procesados en la mente, cuando estos procesos se hacen conscientes a través del razonamiento podemos decir que estas conductas pueden ser controladas, las emociones son respuestas fisiológicas involuntarias e inconscientes ante la presencia de un estimulo y el hombre es el único ser que puede controlar las emociones y volverlas conscientes por medio del análisis y del pensamiento. El desarrollo de las capacidades cognitivas permite en el ser humano lograr controlar sus pensamientos a satisfacción en busca de una mejor adaptación al medio en el que vive, las emociones controlan la conducta social e individual, estas pueden ser positivas o negativas dependiendo de los sentimientos que causen en el ser humano, la interacción con el medio es esencialmente emocional debido a esto aparecen sentimientos de agrado o desagrado que permitirán una adaptación satisfactoria o insatisfactoria al medio, esta adaptación determina el tipo de relaciones que se mantendrán en un determinado contexto social; la alegría produce estados positivos de satisfacción con sensaciones de calma, paz, placer, gratificación, el amor es un sentimiento de ternura que genera un estado general de calma, satisfacción, seguridad, aceptación; con la tristeza ocurre lo contrario insatisfacción, perdida de entusiasmo, induce al aislamiento, soledad, desagrado, inseguridad, apatía y conduce al sujeto a la depresión y enfermedad.

Las emociones pueden ser positivas como la confianza, seguridad, aceptación, paz, alegría, aceptación, creatividad, gratitud o negativas como el miedo, la rabia, la vergüenza, la culpa, el odio, envidia, celos, fobia, etc.

Estas emociones generan igualmente sentimientos positivos o negativos que se convierten en controladores de nuestras vidas, las emociones negativas son normales siempre y cuando nos ayude a prevenir y manejar mejor diversas situaciones de la vida, cuando estas emociones negativas se convierten en parte de nuestras vidas deja de ser normal para convertirse en anormal debido a que perdemos el autocontrol, manifestándose a través de la enfermedad, mental o física; los sentimientos están estrechamente ligados a las emociones y ambos pueden ser controlados por las personas, a través de manejo de las ideas a través del pensamiento.

El Pensamiento

El pensamiento es un proceso cognitivo, es una actividad mental de carácter simbólico, conformado por agrupaciones mentales denominadas conceptos que son las categorías mentales, son símbolos que sintetizan o generalizan atributos característicos o ideas que pueden ser de diferentes niveles de generalización, mientras que los símbolos son más específicos, el pensamiento implica una actividad global del sistema cognitivo con intervención de los mecanismos de memoria, atención, proceso de comprensión, análisis síntesis, abstracción, aprendizaje y demás funciones cognitivas; el pensamiento no necesita de la presencia de objetos para que exista, tiene la función principal de resolver problemas y de razonar, el pensamiento depende fundamentalmente del cerebro que está provisto de neuronas que interconectadas entre si hacen funcionar al cerebro y dan paso a la elaboración del pensamiento.

La teoría de los memes planteada por Dawkins plantea la existencia de unidades de memoria que se transmiten por generaciones y existen dos formas de transmitir los recuerdos y el conocimiento atreves del genoma o sistema genético situado en los cromosomas que determina el genotipo de las personas, el ADN que determina la naturaleza biológica de la transmisión de la información recibida por generaciones y el otro tipo de procesador de información es el cerebro y el sistema nervioso que es el encargado de procesar toda la información que llega del medio exterior, estos memes interactúan entre sí dando origen al pensamiento brindando la capacidad de afrontar las diversas situaciones de la vida diaria, los memes pueden ser instintivos donde se encuentra el placer o displacer; los memes racionales referido a la consciencia y la capacidad de actuar de acuerdo a nuestra decisión; y por último los memes de las decisiones, por estos memes podemos decidir entre los memes instintivos o racionales.

El cerebro tiene la principal participación en el proceso del pensamiento en el hemisferio izquierdo predomina la racionalidad y en hemisferio derecho predominan las emociones, y el cuerpo calloso es la estructura cerebral que interconecta ambos hemisferios, en la corteza cerebral del lóbulo derecho donde se almacenan los recuerdos emotivos y en la corteza del lóbulo izquierdo se almacenan los conceptos, principios matemáticos y lógicos

Las respuestas de las emociones cumplen un papel importante en el proceso del pensamiento por que define conductas en forma rápida y práctica para la protección del organismo, estas respuestas emocionales en conexión con el razonamiento hacen posible evitar conductas erróneas esto ocurre debido a que los instintos y la razón se dan a nivel de las estructuras que interconectan ambos lóbulos cerebrales, en el cuerpo calloso existe una red de circuitos neuronales que son los que van a definir la personalidad

El pensamiento tiene una base biológica y fisiológica por lo que se define como un proceso cognitivo, que tiene la función de interpretar, comprender y adaptarse al mundo que nos rodea resolviendo las dificultades que se presentan en la vida diaria, es un proceso endoenergético que ayuda a mantener el equilibrio biológico, la adaptación al medio ambiente y social

El razonamiento como proceso del pensamiento hace posible el pensar, los procesos mentales son los sistemas que llevan la información a través de las estructuras cerebrales para ser procesada y almacenada en la memoria, el proceso del pensamiento hace posible que las neuronas entren en el proceso de mielinización haciendo posible la conducción nerviosa

El pensamiento tiene relación directa con el lenguaje que es la capacidad de expresar simbólicamente el pensamiento para establecer la comunicación, siendo el lenguaje la representación simbólica de una idea abstracta y general por medio de las asociaciones realizadas mentalmente, por consiguiente las palabras permiten la expresión del pensamiento Vigotsky (1982) dijo que la relación entre el pensamiento y la palabra es un proceso continuo entre ambos y esta relación es funcional, el pensamiento se expresa en palabras; el pensamiento no solo se expresa en palabras conforme se desarrolla el lenguaje se va desarrollando la capacidad de construir conceptos, de incorporar nuevos conocimientos, expresar los estados afectivos, desarrollando así su capacidad de comunicación.

El pensamiento como un proceso cognitivo es generador de ideas que pueden ser influenciadas por el medio social como ocurre en las creencias, siendo capaz de controlar la vida de las personas de forma positiva o negativa capaz de generar bienestar o malestar en las personas y transformarse en síntomas de enfermedad e infelicidad.

Las creencias en las personas es un constructo mental producto de una idea que puede ser racional con significado real y coherente como también puede ser irracional sin bases reales e incoherentes, estas ideas convertidas en creencias son capaces de controlar la vida de una persona. P. Garragorri (1970) hace un análisis de la teoría de Ortega (1938) llamo ideas a los pensamientos que se nos ocurren acerca de una realidad, a las descripciones explicitas que podemos examinar y valorar hasta sentirlas como resultado de nuestro pensamiento y llamó creencias a las convicciones no siempre conscientes que tenemos y que nos permite ubicarnos en el contexto en el que vivimos y que pertenecen a la esfera cognoscitiva de nuestro YO en pocas palabras con pensamientos

Para que un pensamiento se convierta en una idea y luego en creencia depende estrictamente del rol que tenga en la vida del sujeto, por lo que el significado del pensamiento está relacionado al significado que se le da en la vida del sujeto para llegar a ser una creencia.

Muchas veces un pensamiento para que se convierta en una idea luego en una creencia está sujeto al tiempo y la convivencia en sociedad; las ideas y las creencia pueden ser científicas, filosóficas, religiosas y relacionadas a la esfera de la vida diaria; las ideas son pensamientos explícitos, las creencias no siempre se formulan explícitamente pero si se puede tomar consciencia de ellas en algún momento; las creencias están arraigadas al Yo y puede involucrarse y convertirse en el argumento de nuestro pensamiento y de nuestra conducta, para Ortega nuestra conducta depende de nuestras creencias y poco depende de nuestro pensamiento consciente, muchos veces no somos conscientes de nuestro pensamiento pero contamos con él en cada momento de nuestras vidas, a través de las creencias vivimos y somos.

Una creencia muchas veces se instala en nosotros por herencia cultural trasmitida una por los memes y otra por la herencia social o cultura a la que pertenecemos, por tradición o por las circunstancias, simplemente están en el ambiente de la época o generación a la que pertenecemos, es difícil eliminar una creencia utilizando argumentos concretos, mayormente se elimina por la aparición de otra creencia convirtiéndose en la realidad actual, esta puede cambiar con el tiempo y el lugar en el que se encuentra el sujeto.

Los pensamientos podemos clasificarlos como positivos y negativos dependiendo de tipo de impacto que tenga en la vida de una persona, que a su vez generan las creencias que pueden ser racionales e irracionales dependiendo de la premisa de partida que tenga que puede ser coincidencia o una realidad vivida que lleva al sujeto a conclusiones capaces de controlar y dirigir la vida de una persona o grupo social. Este tipo de pensamientos mayormente son inconscientes frente a un determinado acontecimiento decimos que un pensamiento se convierte en irracional cuando no concuerda con la realidad lógica en la valoración de lo que ocurre capaces de provocar emociones extremas produciendo estrés, incapacidad de analizar y tomar decisiones que afectan la vida del sujeto

El psicólogo Albert Ellis postula que los pensamientos determinan como las personas se sienten y se comportan y demostró como las creencias determinan la manera de sentir y de comportarse de las personas. Las creencias tienen gran connotación emocional en las personas, David Hume (1966)sostiene que la creencia "Es el acto de la mente que representa a la realidad, o lo que es tomado por realidad, presente en nosotros en grado mayor que las ficciones y hace que pese mas sobre el pensamiento y que tenga una influencia superior sobre las emociones y sobre la imaginación" para Hume las creencias dependen de la voluntad y hace una diferenciación entre los tipos de conocimiento uno referido a las relaciones existentes entre las ideas y el otro referido al conocimiento de los hechos este ultimo abarca todo lo conocido como verdades de razón y verdades de hecho.

La diferencia entre idea y creencia radica en que la idea es una representación, es un pensamiento creado por la mente, y la creencia es una idea que tiene como base un evento conocido o desconocido y que causa una fuerte impresión en el sujeto y muchas veces sometida a la imaginación Hume define a la creencia como una idea fuerte y vivaz; existe una relación directa entre sentimientos e ideas, entre la esfera racional y la esfera afectiva, por eso que las creencias tienen un gran efecto en las emociones de las personas, por tal razón, los pensamientos, las ideas y las creencias tienen la capacidad de influir en el estado de ánimo, en los sentimientos, en los afectos, en la forma que una persona enfrenta la vida, en la salud física y mental; los pensamientos, las ideas y las creencias están en una constante actividad entre el Yo, la sociedad, los hechos y la realidad objetiva, de ahí la capacidad de cada persona para aprender a manejar su capacidad cognitiva

La Creencia y la Fe

La creencia y la fe se ha convertido en estos tiempos algo fundamental en la vida de las personas, existe gran influencia de nuevas filosofías de vida asociadas a buscar el bienestar integral, cuando hablamos de creencias y de fe muchas veces pensamos que son definiciones o palabras semejantes o que significan lo mismo, pero debemos tener bien claro que existe diferencia entre ambas definiciones; las creencias controlan y dirigen la vida de las personas, hasta cierto punto son controladoras, mientras que la Fe es motivadora para el ser humano y da las herramientas necesarias para enfrentar las dificultades y amenazas de la vida, un estado mental llega a los niveles de fe tan solo cuando domina efectivamente la manera de vivir, la fe es un atributo vivo de la experiencia religiosa personal, muchas veces la creencia determina una conducta o modo de vida de un grupo social apoyada en la imaginación y los prejuicios, mientras que la fe motiva la conducta individual frente al Yo interior, para afrontar una situación personal, que generalmente logra efectos positivos en las personas.

Por lo tanto la creencia es una idea elaborada a través de un proceso cognitivo, es la acción del pensamiento por medio del análisis síntesis y abstracción de algún hecho o evento ocurrido, la idea se desarrolla dentro de una esfera racional la cual se relaciona directamente con la esfera afectiva para tratar de explicar el fenómeno o hecho ocurrido, convirtiéndose así esa idea en una creencia, contrariamente la fe elabora una idea sin fundamento racional e irracional totalmente afectiva, esperanzadora y motivadora.

Ortega define claramente dos tipos de pensamientos unos llamando ideas y a otras creencias; define a las ideas como los pensamientos acerca de alguna realidad, a las descripciones explícitas que podemos examinar y valorar, las sentimos como resultado de nuestra acción de pensar, Ortega da más importancia a las creencias ya que las ve como vivencias no como sentimientos y depende de cómo se presenta en la vida del sujeto y como el sujeto las interpreta, estas creencias son producto de pensamientos inconscientes a diferencia de las ideas y se convierten en base de la conducta del sujeto de tal manera que el comportamiento depende esencialmente de las creencias del sujeto.

Las creencias no tienen límites están dirigidas al entorno religioso, científico, filosófico, y muchas veces dirigidas al entorno de la vida diaria del sujeto, las creencias a diferencia de las ideas muchas veces es inconsciente convirtiéndose en los supuestos básicos de la conducta del sujeto de tal manera que gran parte de nuestro comportamiento depende de nuestras creencias y estas pocas veces son consciente.

Mayormente no llegamos a las creencias como consecuencia de la actividad intelectual ni del proceso de la racionalización, simplemente se instalan en nuestra mente y voluntad por ciertas inclinaciones, ciertos usos como la herencia cultural por la tradición o las circunstancias, mayormente las creencias son las ideas que están en el ambiente que pertenecen a la época o generación y muchas veces se eliminan o se reemplazan por otras creencias.

Generalmente Identificamos nuestra realidad por la base de nuestra creencia donde la realidad se convierte en la interpretación dada por el sujeto; esta interpretación se convierte en una idea y esta idea en una creencia por lo tanto están relacionadas entre sí muchas veces la realidad depende de nuestros sistemas de creencias donde cada sujeto tiene su propia realidad dándole un sentido a su vida y a todo lo que lo rodea, como dice Ortega "Las ideas se tienen y las creencias se viven". Existe una clara diferenciación entre ideas y creencias; las ideas son creativas, discutible, inseguras, difíciles de justificar, de probar y son personales a diferencia las creencias no se discuten, no se justifican ni se prueban solo se aceptan y muchas veces son compartidas por un grupo social; una de las creencias más poderosas en el mundo son las religiosas, estas creencias no se cuestionan ni se investigan solo se aceptan tal cual llega a la persona y por consecuencia se convierte en fe.

Las creencias las podemos clasificar como abiertas y cerradas, las creencias cerradas son aquellas que no admiten discusión, como por ejemplo las religiosas, mitos, leyendas, supersticiones y se transmiten de generación en generación por otro lado las creencias abiertas son aquellas que admiten discusión y contrastación como es el caso de las científicas, políticas, históricas, todas estas de uno u otra forma están relacionadas a las conductas humanas.

Frente a la enfermedad grave, al sufrimiento físico y emocional, la inseguridad, la amenaza a la integridad personal y estabilidad social las personas suelen fortalecer su fe, es cuando la fe se convierte en el principal motor de escape a una situación desagradable e insatisfactoria.

En el caso de las enfermedades crónicas fortalecer la fe de los pacientes resulta ser un estimulo complementario al tratamiento médico, encontrándose efectos positivos en su recuperación, de igual manera en pacientes terminales y sus familias el manejo de la fe es un agente fundamental debido respuesta de aceptación a la perdida de los familiares y de confort emocional, espiritual y fortalecedor en el paciente para enfrentar los últimos momentos de su vida sin sufrimiento.

En la práctica profesional de pacientes con enfermedades crónicas como las enfermedades coronarias entre muchas, enfermedades terminales como el cáncer entre otras, y sobre todo en pacientes de la tercera edad con incapacidad física, y los familiares de estos, el manejo de la fe se convierte en un agente principal el este tipo de consultas. Es así que existen terapias Psicológicas apropiadas para el manejo de estos pacientes con resultados muy favorables en la historia práctica profesional.

La espiritualización del ser humano

La espiritualidad no es la simple pertenencia a una iglesia o a la forma repetitiva de una oración ni la cantidad de santos que existen en nuestras creencias ni la manera de hablarle a la gente sobre la Biblia, la espiritualidad es más que una creencia heredada o aprendida, la espiritualidad es la esencia del ser humano y tiene un sentido muy personal; el ser humano está dotado de recursos naturales inherentes en él y propios para la supervivencia, posee características psicológicas propias que le permiten adaptarse al medio social en que vive y características espirituales que le permiten entender y aceptar su integridad humana, la psicología y la espiritualidad están íntimamente ligadas entre sí, no funcionan de manera independientes ambos aspectos psicológicos y espirituales forman la totalidad de la personalidad en el ser humano, el término de espiritualidad es muy usado en estos tiempos y está referido al espíritu, al alma y su relación con Dios de alguna manera estrechamente relacionado a las religiones, el concepto espiritualidad acuña términos como religión, espíritu, fe, creencia; la espiritualidad está conformada por el YO interior, incluye el aparato psíquico de la persona, si quisiéramos dar una explicación más exacta es la totalidad humana en su relación y comunicación con Dios y consigo mismo, a veces se usan los términos de creencia y fe indistintamente dependiendo de los hábitos lingüísticos de una comunidad o personas, la creencia se usa en un sentido más general abarca todo lo relacionado a lo que la persona piensa y cree, mientras que el término fe se utiliza mas en el ámbito religioso es la creencia en Dios con esperanza en que ocurra algo que queremos y que consideramos imposible, para que se dé el milagro le damos a Dios la oportunidad de hacerlo por nosotros.

La espiritualidad es la esencia de nuestro ser, comprendida por el pensamiento, las emociones, los sentimientos, es la energía que arranca el motor de nuestras vidas, es la comunicación interior que tenemos con nosotros mismos, las religiones aparecen para ayudar al ser humano a canalizar esta energía, para permitirnos una mejor adaptación social, y a pesar de esto es de contenido únicamente personal. A la espiritualidad se le ha tratado de dar un sentido metafísico, religioso, e incluso darle un carácter antropológico, el hecho es que cuando una persona se encuentra en una situación difícil de la vida, sea problemas de salud, problemas personales de contenido social, o una situación extrema e incapaz de resolverla busca donde aferrarse para poder seguir adelante, es aquí donde aparece la fuerza de la espiritualidad, con el desarrollo de la fe la persona se aferra a una fuerza o energía superior capaz de controlar y manejar la situación que siente fuera de sus capacidad de manejo a lo que Descartes llama Fe metafísica; esta llamada fe metafísica es la creencia puramente interior y de contenido psicológico dentro del dinamismo humano e integral, es el creer que si me aboco a satisfacer una necesidad el propio dinamismo psíquico alimentado por la constancia es posible llegar a cubrir dicha necesidad.

La psicología y la espiritualidad marcan la individualidad en cada persona, a través de la comprensión y comunicación personal que existe entre el YO interior y el universo, entre el Yo interior y el Ser Supremo, es la capacidad de entender la propia integridad humana, y su relación con el mundo, la espiritualidad es la integración de la personalidad en la totalidad de cada individuo. En pocas palabras podemos decir que la espiritualidad está conformada por el consciente, el subconsciente, el inconsciente y el Yo en su total dimensión, esta es una de las característica que tienen las personas para poder reconocer su humanidad y su relación con el ser supremo (Dios), y así poder entender la vida en la diversidad de situaciones que le toca vivir.

A través de la historia humana se ha tratado de conocer la esencia del ser humano y se han dado explicaciones sobre la espiritualidad, existen diversos conceptos filosóficos que la definen, para un mejor entendimiento de nuestro concepto lo definiremos como la integridad total de la relación de cuatro elementos que forman una cadena de circuito cerrado formando la total unidad del ser humano como ser integral:

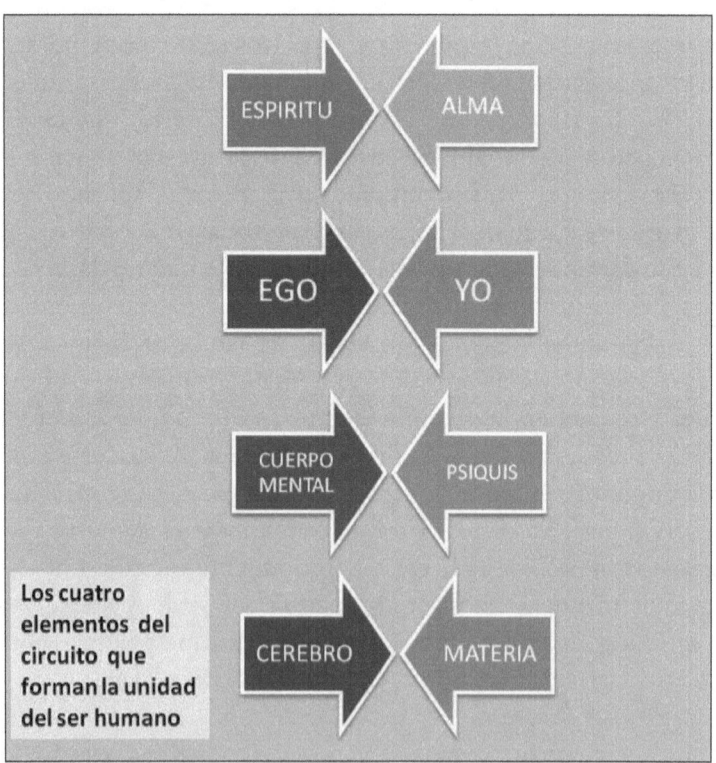

Fig.- Los 4 elementos que constituyen la unidad humana

Ninguno de estos cuatro elementos existe sin el otro y estos son únicos y personales

1. El espíritu o alma, conformado por nuestras creencia personal y la fe religiosa, es la experiencia personal propia y única en cada persona
2. El ego es la personalidad, el YO, única en cada persona
3. El cuerpo mental es la actividad psicológica propia de cada persona con sus emociones, sentimientos y pensamientos producto de las experiencias de vida.
4. El cerebro es el órgano biológico del ser humano, producto de la filogénesis y de la ontogénesis biológica humana

La espiritualidad aparece en el momento que la persona es capaz de darse cuenta que existe un ser superior, que existe Dios, los niños desarrollan su espiritualidad a partir del contacto familiar y social, esto lo podemos apreciar desde el momento en que el niño aprende que tiene un ángel guardián y que lo protege, el niño habla a su ángel guardián pidiendo protección para él sus padres y demás familiares.

El instinto de protección está muy ligado a nuestra espiritualidad, así como a la sensación de amenaza a la vida es el momento en que las personas suelen aferrarse a esta espiritualidad; en buscar a Dios o a seres superiores pidiendo protección. Nuestras emociones y sentimientos, la seguridad personal, el bienestar socio-económico, suelen estar también ligados a nuestra espiritualidad, la formación recibida desde muy pequeños sumada a nuestras propias creencias y experiencia da fuerza y desarrolla esta espiritualidad.

Las terapias psicológicas buscan el alivio emocional y el equilibrio personal para una mejor adaptación social; los guías espirituales ayudan a comprender la experiencia de la existencia humana desde una perspectiva más personal basada en la creencia de la persona y en la fe individual, ambos aspectos se tratan de forma independiente sin darnos cuenta que son la unidad del ser humano y deben ser asistidas como un todo.

Los sistemas de salud han comprendido que la enfermedad y sobretodo la enfermedad en fase terminal se debe realizar dentro de un trabajo multidisciplinario de profesionales de la salud, los cuidados paliativos tienen la función principal de proporcionar alivio y confort integral al paciente brindando así una mejor calidad de vida a las personas, esta calidad de vida está asociada directamente a las características psicológicas y espiritual de cada persona debido a que en el momento de enfermedad sobre todo en momentos donde existe una amenaza latente de pérdida de la vida el ser humano se encuentra indefenso frente a sus emociones y sentimientos, acá aparecen nuevos miedos y temores frente a la experiencia desconocida, al dolor físico que está muy ligado al miedo, debido a la amenaza contra la vida aparece la desesperanza de vida; es precisamente en este momento donde la participación del guía espiritual resulta muy útil ya que es quien dará alivio y ayudará a comprender, racionalizar, aceptar y resolver nuevos miedos, esta comprensión es esencialmente personal, la forma como asume cada individuo este entendimiento y como logra alcanzar el alivio espiritual y psicológico a partir de sus creencias y fe ante los nuevos eventos de la vida, se convierte en un factor importante en la calidad de vida de las personas.

A través del seguimiento de muchos pacientes hemos logrado encontrar la importancia de la psicología y la espiritualidad en la asistencia de pacientes con alguna enfermedad, sobre todo en aquellos con enfermedades crónicas y pacientes terminales por eso a través de la práctica y experiencia profesional consideramos integrar ambos aspectos en la atención psicológica, por lo que se debe considerar el análisis de situaciones básicas como son:

- Fortalecer la creencia y la fe espiritual.
- Reconciliación con uno mismo (reconocerse, aceptarse y perdonarse).
- Las Relaciones humanas referido a las reconciliaciones y el perdón con los ausentes y presentes, y la eliminación del aislamiento social.
- Reconocimiento de las áreas conscientes del paciente, asociados a las respuestas subconscientes e inconscientes del sujeto, análisis del Yo y del YO interior.
- Fortalecer los afectos y relaciones sobre todo con los seres queridos.
- Reforzar la calidad humana individual.
- Lo más importante: Compartir la certeza y la sensación de que todo está bien para el paciente y quienes lo rodean.

Existen referencias terapéuticas en la psicología que consideran estos cuatro aspectos en el ser humano como por ejemplo la Psicología Primal y la Psicoterapia de biosíntesis, otras terapias psicológicas como terapias humanistas así como muchas otras terapias alternativas incorporadas a los sistemas de salud integral, en estos tiempos se ha dado mucho auge a las terapias alternativas que son de gran ayuda y complementarias con las terapias psicológicas.

DESORDEN PSICOSOMÁTICO

Psicosomática es un término usado para definir como los procesos emocionales influyen en el desarrollo o aparición de síntomas y enfermedades, los síntomas físicos son el llamado de atención que da el cuerpo para comunicarnos que algo está mal con nosotros. El DSM-IV clasifica los desordenes somato-formes como un desorden de somatización, que engloba varios trastornos psiquiátricos, donde la persona refiere tener síntomas físicos y niega tener problemas psiquiátricos. Este trastorno es más conocido como trastorno psicosomático; acá el sujeto refiere síntomas físicos que no pueden ser explicados por ninguna enfermedad orgánica, se incluye la hipocondría y trastornos de conversión.

La somatización mayormente resulta ser crónica y se caracteriza por la cantidad de síntomas físicos como dolores, molestias gastrointestinales, problema sexual y neurológicos, cuya causa son desconocida, este tipo de personas se caracterizan por trastornos de la personalidad como egocentrismo, dependencia, inseguridad, etc.

Las personas con somatizaciones presentan continuas quejas físicas y los síntomas más comunes son dolor de cabeza, nauseas, dolor abdominal, menstruaciones dolorosas, cansancio, pérdida de consciencia, relaciones sexuales dolorosas, perdida del deseo sexual, generalmente acompañados de ansiedad y depresión, son personas muy emotivas, dependientes en sus relaciones personales, los síntomas físicos son una manera de pedir ayuda y atención.

El síntoma psicosomático es la señal del organismo para avisar que algo no está bien y estamos enfrentando una situación desfavorable para el organismo, esta puede ser estrés, como una situación emocional intensa y extrema, una situación social desfavorable y/o desagradable que estamos viviendo, estos síntomas se manifiestan de diversas formas como las afecciones a la piel, síntomas gastrointestinales, alteración de los signos vitales, etc.

El estrés es la respuesta del organismo a las demandas ambientales o presiones del ambiente, está referido a las causas y efectos de estas presiones, aunque en estos tiempos se utiliza la palabra estrés para llamar al estímulo que provoca una respuestas física o emocional ante situaciones de presión del medio ambiente, social, familiar o personal, es principalmente una respuesta interna que puede ser medido por los cambios en las secreciones glandulares, reacciones cutáneas, y otras funciones físicas como reacción a un factor estresante, siendo la principal causa de la aparición el síntomas físicos.

La Asociación de Psiquiatría Americana (APA) distingue tres tipos de estrés: estrés agudo, episódico y estrés crónico.

a) El estrés agudo.- es la forma más común de estrés aparece a consecuencia de experiencias y expectativas inmediatas, este tipo de estrés es favorable por ser motivador sobre el sujeto pero en dosis pequeñas, es un estrés de corto plazo y no causa daño los síntomas más comunes son Inestabilidad emocional combinada con enojo e irritabilidad, ansiedad y depresión predominante en este tipo de estrés, con problemas musculares que incluye dolores de cabeza tensos, dolor de espalda, dolor de mandíbula y tensión muscular que derivan en desgarros musculares, problemas en tendones y ligamentos; problemas estomacales e intestinales como la presencia de acidez, flatulencia, diarrea, estreñimiento y síndrome de intestino irritable; se le suma la presencia de una sobre excitación pasajera que deriva en aumento de la presión sanguínea, ritmo cardiaco acelerado, transpiración de las palmas de las manos, palpitaciones, mareos, migrañas, dificultad para respirar y dolor en el pecho. Este tipo de estrés es bastante común y aparece en la vida de las personas, es un tipo de estrés tratable y manejable fácilmente.

b) El estrés episódico.- este estrés ocurre cuando una persona pasa por estrés agudo recurrentemente, se caracterizan por tener una vida desordenada que entran con frecuencia en caos y crisis. Son personas con una vida desorganizada, con fallas frecuentes en sus responsabilidades debido a su incapacidad de organización, pasa frecuentemente en estadios de estrés agudo. Frecuentemente estas personas están demasiado agitadas, de mal carácter, irritables, ansiosas y tensas, suelen ser personas muy nerviosas, sus relacionas personales se deterioran con frecuencia o responden con mucha irritabilidad, el trabajo y muchas de las actividades que realizan se tornan muy estresantes para ellas.

Este tipo de personas tiene una personalidad agresiva, impaciente, hostiles, son personas muy inseguras, son personas propensas a enfermedades como coronarias, psoriasis, etc. También están las personas con preocupación intensa, son personas pesimistas y negativas frente a situaciones de la vida diaria, esto lleva a las personas a un estrés episódico, son personas pesimistas y esto los lleva a agitarse, estar tensos, ansiosos, deprimidos, enojados y agresivos.

Los síntomas más comunes que se presentan en este tipo de estrés son dolor de cabeza tensos y persistentes, migrañas. Hipertensión arterial, dolor de pecho, enfermedades físicas, el tratamiento requiere la intervención profesional y puede durar varios meses; con frecuencia el estilo de vida es un factor fundamental en estas personas, su interacción con los demás y su forma de percibir la vida, su resistencia al cambio, solo la esperanza al alivio de sus síntomas puede mantenerlas en los programas de recuperación.

c) Estrés Crónico.- El estrés crónico es desgastante y agotador, es un tipo de estrés que dura años, este tipo de estrés destruye el cuerpo, la mente y la vida de las personas a largo plazo. Ejemplo clásico son las familias disfuncionales, la violencia domestica y/o psicológica, actividades laborales desagradables bajo exigencias y presión, la crisis económica, el estrés crónico aparece cuando la persona no encuentra salida a una situación insostenible y abandona la búsqueda de soluciones.

Existen tipos de estrés crónico que vienen de experiencias y/o situaciones traumáticas como por ejemplo una violación durante la niñez, de situaciones dolorosas y que están presentes constantemente en el sujeto afectando su personalidad, creándose un sistema de creencias que provoca un constante estrés en el sujeto acostumbrándose a vivir con este tipo de estrés.

Este tipo de estrés necesita la ayuda de un profesional para reformular el sistema de creencias y la personalidad del sujeto a través de una evaluación psicológica de la persona con un estrés crónico puede llegar hasta la crisis nerviosa y atentar contra sí misma a través de la violencia y agresión contra el mismo sujeto, apareciendo las somatizaciones y posteriormente la aparición de enfermedades como coronarias, cerebro vasculares, diabetes, cáncer, etc., su tratamiento no es fácil y puede necesitar tratamiento médico acompañado de un tratamiento conductual para el manejo del estrés.

Por lo tanto el estrés es resultado de una situación que vive el sujeto en su interacción con las personas y con su medio y que es percibida como un esfuerzo superior a sus capacidades de adaptación y que muchas veces amenaza su bienestar personal, generalmente está asociado a un cambio importante y radical en la vida del sujeto, pueden ser situaciones desfavorables como la pérdida de un ser querido, la pérdida del trabajo, el divorcio, las exigencias laborales, la presencia de enfermedades, etc., también existen situaciones favorables para el sujeto como el matrimonio, ingreso a un nuevo trabajo o escuela, el cambio de domicilio, la llegada de un nuevo miembro en la familia, etc., todas estas situaciones pueden provocar estrés en las personas provocando una sobrecarga emocional en el sujeto que afecta el normal desarrollo de la vida de las personas; la percepción de estos elementos y las respuestas frente al estrés depende del tipo de personalidad del sujeto, así como las diferencias en la capacidad física y su salud general.

El factor de riesgo para la presencia de enfermedades asociadas al estrés está relacionada a las variables personales, psicológicas, de relaciones interpersonales, desarrollo social, el control sobre su entorno físico, la existencia de redes de apoyo social; presentan un mayor riesgo los sujetos dependientes y con desventajas sociales, sujetos con sentimientos asociados a impotencia, desesperanza, miedos, ira o cólera, desconfianza hacia los demás, etc.

Mayormente la persona no es consciente de que su problema físico tiene bases psicológicas lo que hace que recurra a buscar ayuda médica frecuentemente y a usar una serie de medicinas sin resultados definitivos, desconoce que el síntoma es una señal que envía el organismo para avisar de que algo no está bien y que necesita ser atendido, es como en un auto cuando se enciende una luz roja nos está avisando que necesitamos un mecánico, un electricista o simplemente un cambio de aceite para seguir funcionando adecuadamente, lo mismo ocurre con las personas, debemos buscar el especialista adecuado para encontrar donde está el problema y poner solución, como ya dijimos la mente es muy poderosa y su canalización energética alcanza a cada sistema, a cada órgano, a cada célula de nuestro cuerpo por lo tanto existe una comunicación bidireccional entre la mente y el organismo.

La Psiconeuroinmunologia

La psiconeuroinmunologia (PIN) es la ciencia que estudia la interacción existente entre los procesos psicológicos, el sistema nervioso y el sistema Inmune del cuerpo humano, e incorpora un equipo multidisciplinario de profesionales de la salud con el principal interés de conocer e intervenir en la relación existente entre los procesos mentales y la salud física.

La psiconeuroinmunologia estudia los vínculos existentes entre el cuerpo y la mente y aporta a la medicina una manera diferente de ver las enfermedades y la salud, dando gran importancia a la participación los pensamientos, las emociones, el estrés y la calidad de vida en el funcionamiento del sistema inmunológico y la fisiología general del cuerpo biológico. La interacción existente entre la mente, el sistema nervioso y el sistema inmunológico conforma el eje de nuestra capacidad de adaptación al medio, y comprensión de la integración humana en su interpretación, sus sensaciones y la forma de vivir del sujeto.

En el cerebro se encuentra el hipotálamo un órgano regulador que mantiene la homeóstasis del organismo, a través del sistema nervioso y el sistema endocrino, logra el equilibrio interno y externo del organismo, el sistema nervioso central, el sistema endocrino y el sistema inmune se comunican de forma bidireccional compartiendo información a través de los procesos químicos logrando la comunicación mente-cuerpo.

Platón, Sócrates Hipócrates hablan sobre como la conexión mente-cuerpo-medio ambiente influye en la aparición de las enfermedades, actualmente se ha encontrado que existe una asociación directa entre las funciones del sistema inmune relacionado directamente con los factores psicológicos individuales en cada persona, por ejemplo la depresión, la ansiedad, el estrés crónico, son factores psicológicos que pueden desencadenar enfermedades físicas.

Enfermedades como el cáncer se desencadenan tras una larga situación de eventos estresantes, especialmente psicosociales, como el divorcio, muerte de un cónyuge, la migración de un hijo, la jubilación, etc.; niveles altos de estrés en madres gestantes produce niños de bajo peso y/o complicaciones en el embarazo o parto.

El organismo está preparado y tiene los recursos necesarios para ser saludable e incluso para curar las enfermedades, este proceso curativo se encuentra inherente en todos los organismos, la salud es un estado natural, debido a su armonía y equilibrio interior, la enfermedad es un estado antinatural, la permanencia en estado de salud en el ser humano se caracterizas por la actitud mental y emocional.

Una prueba contundente de que el organismo es capaz de curarse es a través del efecto placebo, este efecto trabaja fundamentalmente en la mente de las personas, el efecto placebo consiste en hacer creer a la persona de que está tomando una medicina que lo curara, tal creencia lleva al sujeto a curarse, en este proceso está funcionando perfectamente la fe de la persona, una creencia irrefutable y que da por verdadera y efectiva, el organismo recibe el mensaje enviado por el cerebro y los agentes reparadores del organismo empiezan a funcionar en busca del alivio y la salud; también existe un efecto nocebo que es lo contrario al efecto placebo, el sujeto por alguna razón cree que el medicamento que está tomando no tendrán un efecto positivo en su salud, por lo tanto no encuentra alivio a su malestar a pesar de ser un buen medicamento.

Existe un grupo de personas que constantemente recurren a la consulta médica con alguna queja física, sin encontrar alivio a sus males, suelen recibir las indicaciones y nunca las siguen porque piensan que el medicamento es dañino para su salud, y su cuerpo responde a su creencia, el prestigio del médico, de la clínica o el hospital también puede tener un efecto placebo o nocebo sobre el paciente.

Muchas veces se resta importancia al factor psicosomático de las enfermedades, dudando en la posibilidad de que la mente del paciente sea un agente importante en proceso de curación y sanación, los hipnotizadores han demostrado claramente el poder de la mente en el control del dolor y las dolencias físicas de las personas, la sugestión es un agente poderosísimo en el proceso salud y enfermedad.

Se habla mucho y sobre todo la personas creen en el poder de las auto-sanación, o curación por la fe, este tipo de curación tiene un gran poder sugestivo, apoyado por la fe, la creencia firme de lograr alivio a la dolencia física con solo creer en la posibilidad de esto, y es cuando el poder de sugestión penetra el subconsciente logrando dar la orden de equilibrio interno al organismo y logrando la sanación, este es un arma poderosa que tienen las personas para estar saludables o enfermas, igualmente si la persona está convencida de que merece estar enfermo por castigo divino o consecuencia de alguna acción, pues definitivamente estará enfermo por mucho tiempo.

Este tipo de curaciones por la fe o auto sanaciones es frecuente en pacientes con cáncer, existe una gama enorme de creencias de cómo curarse de un cáncer y que a la vez es una amenaza a sus vidas, las personas se dividen en los que creen y los que no creen, las personas tienden a aferrarse a algo para poder sobrevivir a esta enfermedad, tal es el caso de una paciente de 68 años diagnosticada de cáncer de cerviz en nivel 3, sin saber ciertamente de su enfermedad y después de haber seguido una serie de tratamientos el cáncer logra hacer remisión, la Sra. sobrevive por 3 años sin presencia del cáncer, hasta que es diagnosticada de osteoporosis, una enfermedad que ella conoce perfectamente y ante el intenso temor de tener alguna fractura su sistema inmunológico empieza a bajar y en un periodo de 2 meses aparecen los primeros signos de cáncer con la aparición de tumores en diversas partes del cuerpo convirtiéndose en metástasis, la Sra. sobrevive 4 meses mas y finalmente fallece.

También vemos el caso de un paciente de 60 años diagnosticado de cáncer de colon, con en fase terminal con una esperanza de vida no mayor a 2 meses, este Sr. conoce perfectamente todo lo referente a esta enfermedad, estando en emergencia decide no dejarse vencer por la enfermedad y que lucharía por su vida, tal es su deseo de vivir que sobrevive las 2 semanas y empieza a notarse mejoría significativa, aparte de su tratamiento médico decide seguir un tratamiento alternativo natural el cual sigue rigurosamente, y repitiéndose constantemente "soy un ganador no me dejo vencer por nadie ni por nada esta enfermedad tampoco me vencerá" y continua haciendo planes para su vida, al cabo de un año logra una mejoría significativa, sobrellevando exitosamente las sesiones de quimioterapia, después de cada tratamiento de quimioterapia los resultados de laboratorio indican que las zonas afectada va disminuyendo notoriamente, así continua hasta que un día empezó a decir "estoy cansado de esto y ya quiero que se acabe" a partir de ese momento la enfermedad empezó a avanzar afectando, estomago, hígado, páncreas, pulmones y falleció en 4 meses, estos dos casos son un claro ejemplo de cómo la actitud mental tiene un rol fundamental en el proceso de salud y enfermedad.

La visualización mental es de gran ayuda para recuperar una condición saludable, a través del pensamiento consciente podemos sentir, integrar y manipular nuestra estructura celular, para la práctica de la visualización existen técnicas de control mental que ayudan enormemente al desarrollo integral de las personas, en busca de la salud física y mental, así como a la integración social del individuo, la técnicas de visualización ayudan enormemente a la armonización orgánica logrando una mejor comunicación entre el cuerpo y la mente, por lo que concluimos con la existencia de una relación directa entre las emociones, los sentimientos y los pensamientos con el sistema inmunológico y esta relación se da a través de los procesos electroquímicos neuronales.

Visualizaciones

La visualización es la representación grafica mental de una idea, de contenido abstracto que puede ser real o imaginado, generalmente está ligado a las emociones y sentimientos del sujeto, hay que tener muy en claro la diferenciación y el no confundir la visualización con las ilusiones y delusiones como parte un estado patológico. Las visualizaciones como un procedimiento participativo en la recuperación de la salud reconocemos dos tipos existentes de visualización, una la visualización psicológica y la visualización terapéutica ambas con objetivos claros en la recuperación de la salud física y mental.

La visualización psicológica es un tipo de visualización creativa y esta es una técnica psicológica que tiene la finalidad de alcanzar una condición emocional deseada a través la imaginación, creando una conexión neurológica entre las áreas motoras y emocionales para lograr una relajación intensa, estas técnicas de visualización ayudan a usar la imaginación y conducir los pensamientos a forma positiva para el control y manejo de las emociones de manera satisfactoria. El uso de imágenes y sonidos agradables y relajantes ayuda a la visualización y son de gran ayuda para lograr la visualización deseada.

La visualización terapéutica es una técnica psicológica que permite ampliar la consciencia, facilitando a los estados inconscientes surjan sin intervención del intelecto y son de contenido reparador de la personalidad, la observación es libre de juicios de valor, incorporada a la capacidad de darse cuenta o despertar al consciente permitiendo enriquecer la personalidad por medio del aporte inconsciente por medio del cual se activa la reparación del yo interior de quien visualiza. La visualización terapéutica es reparadora en los planos conscientes e inconscientes sustituyendo imágenes por otras de valor correctivo creando una nueva realidad y con ayuda de la voluntad podrá incorporarlo a su vida diaria. Este contenido reparador expande la conciencia ampliando, integrando, reparando y dando paso al crecimiento y desarrollo personal.

La visualización terapéutica tiene el objetivo especial de crear nuevas formas de abordar los problemas de una manera creativa propia del ser humano en busca de la salud integral, combatiendo el estrés, los desordenes psicosomáticos, debido a que emplea técnicas de relajación profunda e imaginación.

Las visualizaciones es una técnica usada en pacientes con enfermedades crónicas con muy buenos resultados en el alivio de los síntomas de la enfermedad, pacientes con cáncer se benefician mucho de esta técnica, especialmente los niños debido a que tienen la capacidad de imaginación muy desarrollada, los beneficios son excelentes.

La visualización es de mucha utilidad en pacientes terminales debido a los estados de relajación a los que se lleva al paciente, llevando al paciente a enfrentarse a sus miedos, inseguridades, a estrechar lazos afectivos con sus familiares y sobre todo llegar al convencimiento de todo estará bien pase lo que pasa tanto para ellos como para sus familiares.

PSICOLOGÍA DE LA SALUD
Y CALIDAD DE VIDA

La psicología de la salud estudia la comprensión y relación existente entre los factores biológicos, psicológicos, ambientales y culturales que están relacionados a la salud y enfermedad, investiga y propone programas de prevención y recuperación de la salud pública, en sus diversas dimensiones como son la salud comunitaria, y la salud individual. La psicología como parte de los sistemas de salud tiene participación activa en los tratamientos y esto se debe a que la presencia de la enfermedad compromete seriamente la psiquis de las personas, el objetivo de la psicología es lograr una mejor actitud personal frente a la salud y la enfermedad y por consecuencia lograr mejores resultados en los tratamientos médicos, por tal razón los sistemas de salud han visto la gran importancia de los factores emocionales en el proceso de las enfermedades y en el mantenimiento de la salud, por lo que cada día se ve la necesidad de tratar las enfermedades desde una perspectiva multidisciplinaria, buscando el alivio general e integral de la salud física y psicológica de las personas.

La psicología estudia los características emocionales que aparecen en el proceso de la enfermedad así como los antecedentes emocionales, familiares, sociales y ambientales que vivió el enfermo con la finalidad de lograr que el paciente se dé cuenta, racionalice y llegue a la comprensión de lo que está sintiendo y viviendo para conseguir los mejores resultados en sus tratamientos, así como enseñar a los familiares a comprender y aprender a cuidar y dar soporte emocional al paciente.

Fundamentalmente la psicología de la salud cumple un papel importante en la educación para la prevención de las enfermedades, ya que promueve un estilo de vida saludable, proporcionar recursos para la recuperación de la salud a través de programas de ayuda en la prevención, valiéndose de programas y técnicas de autocontrol para el manejo del estrés, de las emociones y los sentimientos, así como la evaluación y programas de mejora en la atención de los servicio de salud de una comunidad.

El estilo de vida está asociado directamente a la salud física y a la salud emocional, las personas que llevan una vida activa con una alimentación saludable gozan de una buena salud física, una mejor vida social con relaciones interpersonales satisfactorias y una vida emocional saludable; existe una gran diversidad de síntomas y enfermedades asociadas a factores psicológicos y a estilos de vida tales como las enfermedades crónicas como el cáncer, la migraña, la fibromialgia, enfermedades coronarias, afecciones a la piel, afecciones gastrointestinales, síntomas neurológicos y nerviosos, etc., y todos afecta de alguna manera la vida normal de las personas, las enfermedades crónicas van acompañadas de gran contenido emocional que afecta de alguna manera el control y mantenimiento de la enfermedad, una enfermedad crónica es aquella patología caracterizada por su alta prevalencia, por ser de larga duración y no es curable, el paciente tiene que vivir y adaptarse a dicha enfermedad de la mejor manera posible tratando de paliar la sintomatología bajo un sistema de cuidados preestablecidos y con asistencia médica periódica.

Los estudios sobre la salud y enfermedad proponen un modelo conceptual "Bio-psico-social" de la salud, y desde esta perspectiva se requiere tomar en cuenta las características genéticas y biológicas, características individuales, los factores conductuales como el estilo de vida, hábitos y costumbre, el estrés, las creencias acerca de la salud, la influencia cultural, las relaciones familiares, el apoyo social, para la comprensión integral de la salud y enfermedad, un complemento a este modelo conceptual es la espiritualidad, que tiene gran influencia en los características psicológicas y por consecuencia en las características sociales y ambas con gran repercusión en la biológico.

La psicología de la salud es parte de un trabajo multidisciplinario en los sistemas de salud de una comunidad donde involucra a profesionales de la salud de las diversas especialidades para realizar investigaciones, proporcionar evaluación clínica y servicios de tratamiento, así como realizar y participar en investigaciones de prevención e intervención en la promoción de la salud para buscar disminuir los riesgos de contraer enfermedades, a través del estudio de las relaciones causales entre los factores psicosociales de la salud de una población con la finalidad de promover una mejor salud pública.

El objetivo principal de la psicología es contribuir a la salud pública y al bienestar de las personas de una comunidad promoviendo la salud física y mental, por lo que el psicólogo se convierte en un agente de cambio que utiliza diversos métodos para encontrar las características y los factores asociados a la salud y enfermedad, para proponer mejoras en la calidad de vida, utilizando diversas técnicas y escuelas psicológicas para brindar alivio al malestar físico y emocional, el mejor instrumento que tiene la psicología para lograr estados saludables en las personas es la psicoterapia que propone cambios en el estilo de vida, ayuda a resolver áreas no resueltas de la personalidad, mejora las relaciones interpersonales, logra una mejor adaptación al medio social de pertenencia, en busca de la salud mental y por consecuencia física.

La psicología se centra en el estudio y tratamiento de los estados emocionales que aparecen durante el proceso de la enfermedad así como los antecedentes emocionales, familiares, sociales y ambientales del enfermo con la finalidad de hacer que el paciente se dé cuenta y racionalice su situación para llegar a la comprensión de la situación y conseguir los mejores resultados en sus tratamientos médicos, así como enseñar a los familiares a comprender, aprender los cuidados que requieren, y brindar el soporte emocional que requiera el paciente.

La participación de la psicología de la salud cumple un papel importante en la educación y prevención de las enfermedades, en la promoción de un estilo de vida saludable, así como proporcionar recursos para la recuperación de la salud, valiéndose de programas educativos en la prevención y de recuperación de la salud, por lo que elabora programas y técnicas de autocontrol para el manejo del estrés, de las emociones, los sentimientos, y participa en la evaluación y programas de mejora en la atención de los servicio de salud.

El estilo de vida está asociado directamente a la salud física y a la salud emocional, las personas que llevan una vida activa con una alimentación saludable gozan de una buena salud física, una mejor vida social con relaciones interpersonales satisfactorias y una vida emocional saludable; existe una gran diversidad de síntomas y enfermedades asociadas a factores psicológicos y a estilos de vida tales como el cáncer, la migraña, la fibromialgia, enfermedades coronarias, afecciones a la piel, afecciones gastrointestinales, síntomas neurológicos y nerviosos, etc., y todos afecta de alguna manera la vida normal de las personas, las enfermedades crónicas traen consigo gran contenido emocional que afecta de alguna manera los cuidados y mantenimiento de la enfermedad, el paciente tiene que vivir y adaptarse a dicha enfermedad de la mejor manera posible tratando de paliar la sintomatología bajo un sistema de cuidados preestablecidos.

Los sistemas de salud han establecido un modelo conductual sobre la salud y la enfermedad conformado por el proceso Biopsicosocial de la salud y desde esta perspectiva se toma en cuenta las características genéticas, biológicas individuales, los factores conductuales como el estilo de vida, hábitos y costumbre, el estrés, las creencias acerca de la salud y enfermedad, la influencia cultural, las relaciones familiares, el apoyo social, para llegar a la comprensión integral de la salud y enfermedad.

El trabajo multidisciplinario en los sistemas de salud adquiere gran importante debido a que involucra a una serie de profesionales de la salud de las diversas especialidades, capacitados en asistir, atender y realizar investigaciones que proporcionen evaluación clínica y servicios de tratamiento, en prevención e intervención así como buscar la manera de disminuir los riesgos de contraer enfermedades valiéndose de los estudios de las relaciones causales entre los factores psicosociales de la salud en promoción de la salud pública.

Dentro de la corrientes psicológicas de mayor influencia en este modelo conceptual tenemos a la psicología humanista que estudia la complejidad humana en todas sus dimensiones a través de la comprensión de la vida, y del estudio de la integridad personal en diversas circunstancias, valiéndose de la investigación científica identifica los valores más elevados del ser humano con la finalidad de lograr la autonomía personal, autorrealización y gratificación de las necesidades básicas de la persona resaltando la salud mental y los aspectos positivos de la vida.

La psicología como parte de la salud física

Las terapias psicológicas son de suma importancias en el tratamiento de las enfermedades, debido a que la presencia de una enfermedad siempre es generadora de estrés en el paciente, una dolencia física genera temor debido a que de alguna manera es una amenaza a la vida y la seguridad personal. Con la aparición de la psiconeuroinmunología y el reconocimiento de que la mente es un factor fundamental en la aparición, evolución y progreso de las enfermedades, la terapia psicológica se vuelve un factor complementario a la medicina con la finalidad de modificar conductas inapropiadas generadoras de malestar físico y enfermedad; el control del estrés tiene resultados bastante favorables después del tratamiento psicológico.

La aparición de una enfermedad generalmente está asociada a situaciones particulares de la vida del paciente, en la consulta psicológica durante un año por ejemplo en la evaluación de los antecedentes a la enfermedad en pacientes diagnosticados de cáncer se encontró que en periodo de 18 meses anteriores a la enfermedad ocurrió un divorcio, el fallecimiento del cónyuge, la pérdida de un ser querido de importancia significativa en la vida del paciente, la jubilación, la soledad emocional debido a que el paciente vive solo y con alejamiento de la familia, etc. Todos estos eventos resultan significativos en la vida de las personas. De 85 pacientes el 79% tuvo una escena de perdida familiar antes de la enfermedad, el 8% después de la jubilación en un periodo de 12 meses, el 10% manifestó como antecedentes problemas económicos, conyugales, laborales y familiares, y el 3% restante sin antecedente aparente antes del diagnostico de cáncer.

Paciente de 68 años, mujer, viuda, jubilada hace 5 años antes de diagnostico de cáncer de seno, en su historia personal manifiesta una vida llena de insatisfacciones, con 5 hijos, de los cuales 3 vivían fuera del país y dos vivía en la misma ciudad uno con problemas de alcoholismo que le provocaba demasiado fastidio su presencia, otro vivía con ella quien le daba muchas satisfacciones hasta que se caso y se fue a vivir en otro lugar y la dejo viviendo sola.

Mujer de 45 años, divorciada, con 3 hijos, fue diagnosticada de cáncer de estomago a los 8 meses de la separación inicial, durante el tratamiento mantenía la constante queja de que no quería ser un problema para los hijos y falleció a los 6 meses de haber sido diagnostica de cáncer, por un ataque al corazón.

Las terapias psicológicas en la asistencia de pacientes con enfermedades crónicas y con enfermedades terminales es de vital importancia como lo es un tratamiento físico-médico, así como se da importancia el alivio físico-orgánico del paciente es de igual o mayor importancia el alivio psicoemocional ya que está demostrado que existe relación muy estrecha entre los síntomas físicos y las respuestas emocionales, es por eso la necesidad de una terapia y/o asistencia psicológica.

Existen diversos tipos de terapias psicológicas que se vienen utilizando en el mundo entero, no pensamos que haya una corriente psicológica o terapia específica para este tipo de asistencia, todas resultan ser buenas siempre y cuando se trabajen temas centrales de vital importancia para el paciente.

En los tratamientos psicológicos tratamiento psicológico como parte complementaria de los tratamientos médicos en pacientes con enfermedades psicosomáticas y crónicas debemos considerar las siguientes áreas:

1. Las emociones.- Aprender a reconocer las emociones que aparecen frente a la enfermedad como son el miedo, la ira, la violencia encubierta, los odios, las culpas, etc., con esto se logrará controlar y reconocer la aparición de síntomas como por ejemplo la depresión, de la misma forma reconocer las sensaciones y sentimientos que aparecen y/o están asociadas con la enfermedad.
2. Las reconciliaciones.- Buscar la reconciliación consigo mismo, con los familiares, con los amigos y con el mundo tratando de racionalizar los resentimientos que existen en el paciente, considerando tres aspectos básicos como son el reconocerse, aceptarse y perdonarse.
3. La recuperación de la confianza y la seguridad, basado en el convencimiento de que todo está bien, compartir y transmitiendo el sentimiento, la sensación y la seguridad de que todo está y estará bien, el paciente debe estar seguro de que pase lo que pase todo estará bien que cuenta con el apoyo de alguien que lo acompaña, cuida y protege para que esté bien frente a cualquier circunstancia e incluso sus familiares estarán bien ya que esta es una de las preocupaciones de los pacientes, el apoyo del consejero espiritual es recomendable en esta fase de la terapia. La presencia de un

guía espiritual es importante debido a que tiene la capacidad y los recursos para fortalecer la fe, brindando los recursos necesarios para crear la sensación de confort espiritual y de seguridad personal de que todo estará bien, desde una perspectiva espiritual la fe es un elemento importante en esta etapa de enfermedad.

4. La espiritualidad.- Es una actitud mental que se fortalece con la creencia y se reafirma con la fe espiritual y religiosa, es importante que el profesional respete y fortalezca la creencia del paciente para conseguir la seguridad y bienestar interior, este aspecto tiene un gran poder en las persona por lo que se impone la necesidad de la participación de un acompañante espiritual, el psicólogo muchas veces puede brindar este soporte y si el psicólogo no tiene la capacidad de satisfacer esta necesidad o si el paciente lo requiere de manera sobre especial este tipo de acompañamiento, debe recurrir a la persona idónea para cubrir dicha recurso.

5. Las Relaciones humanas: Fortalecer las relaciones sociales buscando la eliminación del aislamiento social, la participación en los grupos de apoyo conformados por personas que padecen la misma enfermedad es de gran ayuda para el paciente por que le permitirá ver y vivir su enfermedad de forma más positiva, la participación de la familia y amigos en la vida del sujeto es un gran apoyo emocional.

6. Conexión entre el inconsciente y el consciente, el Yo y con el YO interior. En esta fase es importante el proceso de racionalización interior, el paciente debe racionalizar sus pensamientos e ideas irracionales de su situación actual creando un nuevo sistema de creencias relacionadas a la veracidad a su situación, en este caso es de gran ayuda la psicoterapia.

7. Favorecer el acercamiento familiar para el reconocimiento de los afectos entre los miembros de la familia, este acercamiento con los familiares mejora y facilita la comunicación y las relaciones, así como lo es hablar de sus sentimientos y pensamientos y hablar entre ellos sobre ellos.

8. Fortalecer la calidad humana individual. La fortaleza de la calidad humana se obtiene a través del la calidad de vida que lleve el paciente, el alivio a los malestares físicos es de suma importancia en la calidad de vida, aparte de las medicinas es necesario e importante las técnicas de relajación y tratamientos alternativos que son muy útiles ya que ayudan al confort del paciente.

La terapia psicológica debe girar entorno de estos aspectos y es importante tomarlos en cuenta en la asistencia psicológica de los pacientes con enfermedades crónicas ya que se busca la integridad y la totalidad humana para la obtención del bienestar en busca de mejorar la calidad de vida del paciente, el confort emocional y espiritual.

Una variable bastante común en personas con enfermedades crónicas es el temor al futuro, la cólera, la inseguridad personal, el temor de enfrentarse a la incertidumbre de cómo se irá presentando la enfermedad, el temor a lo desconocido y enfrentarse a la posible amenaza de muerte y a la aparición de una mezcla de sentimientos y emociones desconocidos en el paciente, que de alguna manera se extiende a la familia, por lo que se busca el soporte psicologico al paciente y su familiares, donde el soporte espiritualización se convierte en otro agente principal que mayormente es el complemento psicológico que necesita el paciente y cada uno de los miembros de la familia.

Todos los pacientes son diferentes tanto en el aspecto físico, psicológico y espiritual, durante los años de la vida del individuo se acumulan experiencias de todo tipo agradables y desagradables, conocen gente que le producen alegrías, penas, ilusiones, desilusiones, esperanzas, desesperanzas, conoce individuos que tienen respuestas agradables y desagradable, entablando así relaciones sociales y personales producto de sus sensaciones y sentimientos, las experiencias tempranas marcan un camino hacia como nos vamos a relacionar con las demás personas dentro y fuera de la familia, con los amigos e incluso con las personas que nos relacionamos.

La asistencia psicológica va de la mano con la asistencia espiritual por lo que consideramos importante el trabajo conjunto entre el guía espiritual y el psicólogo o psicoterapeuta, este tipo de intervención de salud mental debe ir acompañada de la intervención médica adecuada como pueden ser los cuidados paliativos que tienen el objetivo no de curar la enfermedad sino de brindar un mantenimiento del la enfermedad procurando dar un confort integral en la vida de las personas que atraviesan por algún tipo de enfermedad.

La familia es tan importante como el paciente en la asistencia psicológica, no podemos pretender asistir al enfermo independientemente de la familia debido a que el familiar también se encuentra inmerso en el proceso de la enfermedad, la presencia de niños en una familia con pacientes crónicos o terminales da un característica diferente a la familia, debido a la forma de enfrentar y asumir la enfermedad del familiar sobre todo si dicho familiar es uno de los progenitores o es un hermano.

Si analizamos a la familia como un sistema y a cada miembro de la familia como un componente del sistema, podemos observar que cada miembro de la familia tiene un rol dentro del grupo donde la deserción, inestabilidad o cambio de uno de los miembros pone en riesgo el funcionamiento del grupo familiar, por lo tanto la enfermedad y la amenaza a la pérdida de un miembro desestabiliza al sistema produciéndose de esa manera la desorganización y la inestabilidad del grupo familiar. Al realizar el análisis del funcionamiento de la familia nos explicamos y entendemos la forma de organización y funcionamiento de esta, de manera que vemos como el grupo familiar se relaciona y cuál es el rol de cada miembro dentro del grupo familiar.

La terapia psicológica deberá ir dirigida al paciente y a cada miembro de la familia dependiendo de su rol funcional dentro del grupo, con una particular atención de los niños debido a que ellos normalmente no expresan claramente sus sentimientos y formas de percibir las situaciones familiares.

Psicología en busca del bienestar integral de la comunidad tiene una participación activa en el ejercicio terapéutico de la salud mental y física de una sociedad, exlsten técnicas y terapias psicológicas que ayudan al equilibrio de la salud de ahí la importancia del trabajo multidisciplinario de la salud en el tratamiento de las enfermedades.

La Psicología Humanista en la Salud física y emocional

La psicología humanista dentro de sus conceptos teóricos propone una filosofía de vida que ubica al ser humano, a la naturaleza y al universo como un todo armónico y coherente que integra múltiples modelos psicológicos en busca de la autorrealización personal a través de la revelación y aceptación de sí mismo y su reconocimiento como ser humano, a través del descubrimiento de sus potenciales y capacidades para utilizarlas libremente, en base a la comprensión de que todas las personas poseen una capacidad inherente llamada libre albedrio, esta es la capacidad humana de decidir su forma de ser y de hacer aquello que le da un real significado a su vida.

Esta filosofía de vida permite el análisis de la existencia humana, de la libertad y responsabilidad individual sobre sus emociones y el significado de la vida, resaltando la experiencia no verbal y los estados alterados de la consciencia para resaltar lo mejor del potencial humano, a través de las metas que se plantea y realiza para dar el real sentido a la vida, descubriendo sus posibilidades de mejorar a través del dominio de sus emociones, que es la real identificación del ser humano como tal.

Para conseguir encontrar la propia identificación debemos desarrollar la capacidad del "darse cuenta", como el método mas valioso e inherente que tiene todo ser humano, esta capacidad es una actitud mental, es el ver, pensar, sentir y analizar el cómo soy, por qué ocurre cada cosa que nos pasa, cómo vivimos, que hacemos, porque lo hacemos y cómo podríamos cambiar determinadas cosas, muchas veces ocupamos tiempo viendo que les pasa o que hacen los demás, y nos distraemos y no podemos vernos a nosotros mismo es por esa razón que quien ve lo que me está pasando es cualquier persona cerca a mí, menos yo, soy la única persona que no ve lo que me pasa.

Aprender a usar la capacidad de darnos cuenta requiere ver y analizar nuestra conducta, las situaciones que se generan por determinada conducta y sus consecuencias, a partir de este proceso introspectivo y objetivo de nosotros mismos podemos analizar y plantearnos un cambio personal, que nos resulte beneficioso para despertar nuestra vida interior y sacarla a flote para poder valorar el aquí y el ahora, ver lo que me está ocurriendo en este momento, por medio de la capacidad que tiene cada persona para percatarse de lo que está sucediendo dentro de sí mismo y consigo mismo, es conocer y reconocer lo que siento, lo que deseo, pienso y quiero realmente, es el estar consciente de uno mismo, reconocer y aceptar mis sensaciones, sentimientos, emociones, mirar y poner atención para hacer consciente nuestro mundo interior y exterior; por medio del reconocer lo que oigo, veo, toco, huelo, de mis fantasías, de lo que pienso, adivino, imagino, planifico, recuerdo, anticipo, etc., por lo que es necesario dejar de buscar culpables de lo que nos pasa y regresar a mirar dentro de nosotros mismos, para así darnos la oportunidad de plantear nuevos cambios en la vida, cambios que de alguna manera resultaran beneficiosos en el desarrollo personal, en la adaptación social y familiar e incluso en la recuperación de la salud.

La psicología humanista enfatiza la experiencia no verbal y los estados alterados de la consciencia con la finalidad de expresar el verdadero potencial humano, para esto se vale de la psicoterapia que permite profundizar en los conflictos personales, tomar consciencia de las dificultades y desarrollar los propios recursos para afrontarlos, por lo que integra todos los aspectos de la personalidad con la finalidad de llegar a ser autentico con uno mismo, a través de la voluntad de ver y de sanar los problemas de la propia vida, desarrollando la capacidad del darse cuenta, de las propias necesidades existentes u olvidadas y permitiendo un mejor conocimiento de sí mismo, ampliando las propias capacidades e integrando las experiencias vividas, para conseguir sentir, pensar y actuar de forma armónica e integrar relaciones autenticas, para crecer como ser humano, a través de la evolución personal y afrontar las dificultades con madurez y vivir de forma consciente con el mundo.

De la psicología humanista se deriva el concepto transpersonal que significa más allá de la propia persona, en psicología está referido a la experiencia mental como el misticismo y los estados alterados de la conciencia, la psicología transpersonal como parte de la psicología humanista estudia el aspecto transpersonal, auto trascendente o espiritual de la experiencia humana a través del reconocimiento, la comprensión y actualización de los estados de consciencia, espiritual y trascendente de la consciencia humana, sostiene que el desarrollo personal depende del ámbito de las interacciones humanas que se convierten en el desarrollo personal a través del aprendizaje y de las experiencias vividas; la psicología transpersonal como una escuela de la psicología humanista se acerca a la espiritualidad y concibe al ser humano como unificación de lo físico con lo espiritual.

A través de la psicología transpersonal el sujeto logra una adaptación satisfactoria con su realidad, por medio de la superación de aquello que le impide mantener relaciones saludable, recuperando la autoestima, la estabilidad emocional y la oportunidad de tener una vida plena, satisfactoria, física y mentalmente saludable en todos sus aspectos, especialmente en la búsqueda de aliviar los síntomas que lo llevaron a la consulta en busca de la estabilidad personal, por lo que utiliza el concepto y método científico de que el ser humano y sus niveles de consciencia son producto de la evolución y que seguirá evolucionando con el tiempo, el bloqueo de esta evolución se expresa a través del sufrimiento físico, emocional y espiritual, por lo que propone herramientas necesarias para la continuidad de dicha evolución que llevara al sujeto a conseguir su identidad personal, valiéndose de teorías y conceptos filosóficos de personas que representan un ejemplo para la humanidad del desarrollo de los potenciales humanos.

La psicología transpersonal busca la realidad divina del ser humano, expresada en el pensamiento y su relación existente con la teoría de la causalidad, partiendo de la premisa de que somos lo que pensamos, creándose así la unión entre la ciencia y la espiritualidad, para dar paso al entendimiento de las leyes universales y su relación con las leyes de la consciencia humana, que permitirá la transformación de los conceptos mentales en el real sentido de la existencia humana.

La psicología humanista estudia la espiritualidad valiéndose de filosofías que integran lo transcendental o espiritual a las dimensiones personales permitiendo el contacto de la consciencia con lo biológico con la finalidad de descubrir el Yo interior, por medio del conocimiento de uno mismo, de la vida, la psiquis y el cosmos, en busca de la autorrealización, el reconocimiento de las necesidades individuales, los valores, las experiencias, la actitud ante la vida y la realidad existente.

Cuando hablamos de conocer la realidad estamos refiriéndonos a las formas de conocer el mundo, la vida, las situaciones, lugares, sensaciones, etc., el bioquímico Ken Wilber (1991) plantea que este conocimiento se da en tres dimensiones a lo que llamo "los tres ojos del conocimiento", describe primero el conocimiento sensorial que nos permite conocer el mundo a través de los sentidos y las experiencias sensoriales; segundo el conocimiento introspectivo racional conformado por los procesos mentales específicamente la racionalidad humana a través de la abstracción y del razonamiento y por último el tercero el conocimiento contemplativo referido al espíritu, a los estados transpersonal como la iluminación, insight, revelación, etc., por lo que para la mejor comprensión de uno mismo, del mundo y del universo es necesario integrar estos tres elementos, ya que de forma aislada solo nos llevaría a tener una interpretación incompleta y erróneas de la totalidad e integridad humana, y por lo tanto la imposibilidad de llegar a la autorrealización personal.

Para transformar estos potenciales humanos aparece la terapia de psicosíntesis, basado en lo transpersonal que trabaja en diferentes niveles de la personalidad buscando la transformación de los potenciales del ser humano y en busca de aquellos potenciales no descubiertos, enfatizando en las necesidades de la psicopatología ordinaria y la crisis que precede y acompaña a la apertura espiritual, en 1965 aparece el concepto de Assagioli sobre la personalidad un concepto que tiene similitud con el sistema psicológico de Jung ya que reconoce de manera implícita la espiritualidad incluyendo el concepto del inconsciente colectivo, señala que el ser es único y su principal arma es la voluntad, para Assagioli la personalidad está gobernada por las psiquis según las circunstancias que le toque vivir, dependiendo de los diversos roles representados en el transcurso de la vida.

La psicosíntesis trabaja en diferentes niveles de la personalidad buscando la transformación de todo los potenciales del ser humano que se encuentran en constante cambio, en busca el crecimiento personal y en el descubrimiento de sus potenciales no descubiertos, enfatizando las necesidades dentro de la psicopatología ordinaria como de la crisis que precede y acompaña a la apertura espiritual, el concepto de Assagioli sobre la personalidad humana tiene similitud con el sistema psicológico de Jung ya que reconoce de manera implícita la espiritualidad incluyendo el concepto del inconsciente colectivo, señala que el ser es único y tiene a la voluntad como un punto esencial en la diferenciación humana, Assagioli abarca el concepto de la personalidad gobernada por las psiquis según las circunstancias, dependiendo de los diversos roles que se presentan en la vida de las personas, enfatizando en la integración de la personalidad como un conjunto dinámico que funciona armónicamente en el proceso terapéutico de la psicosíntesis, este proceso integra 4 estadios consecutivos, como son:

a) Descubrimiento
b) Aceptación
c) Liberación
d) Control

Estos cuatro estadios consisten en el descubrimiento de los aspectos y temas ocultos de la personalidad, posteriormente seguido de la aceptación de estos aspectos a nivel consciente, una vez dada la aceptación procede a la liberación de la influencia de estos aspectos psicológicos y por ultimo desarrollar la capacidad de controlar estos aspectos de la personalidad, a esto Assagioli llamó la des-identificación de la psiquis y la represento en el llamado diagrama del huevo.

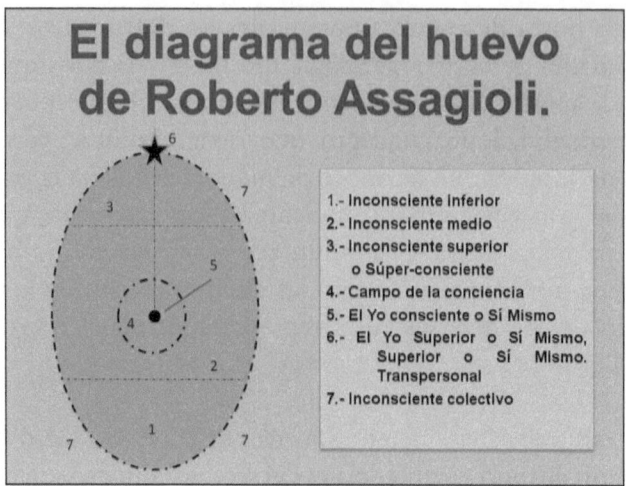

Fig. Diagrama del Huevo, Roberto Assagioli (1965)

Posteriormente para comprender nuestro mundo interior Assagioli realiza el análisis de nuestras funciones psicológicas y la relación entre el yo y la voluntad, estas funciones psicológicas representan aspectos interiores y exteriores de nuestro ser, y representa las funciones psicológicas en el diagrama que llamo diagrama de la estrella.

Fig. Diagrama de la Estrella Roberto Assagioli (1965)

En la terapia de psicosíntesis para conseguir el crecimiento psicológico plantea la existencia de dos fases del desarrollo psicológico, el primero es el desarrollo del YO o centro de la personalidad, que consta de sub-personalidades que son estructuras internas formadas por los conflictos en las experiencias vividas; para conseguir un desarrollo saludable se debe lograr la integración y el equilibrio de esa sub-personalidades del Yo, a través de la investigación del inconsciente valiéndose de los sueños y las pruebas psicológicas, esta fase es la llamada "psicosíntesis personal". La segunda fase del crecimiento psicológico es la llamada psicosíntesis espiritual y esta se logra cuando la psicosíntesis personal se ha completado satisfactoriamente en el sujeto, en esta fase el sujeto reconoce y localiza su centro espiritual conformado por el súper-consciente y su yo trascendente, esto ocurre cuando aparece el sentido de conexión con la humanidad y la naturaleza que se experimentan como unidad, este proceso se fortalece en la psicoterapia a través de la meditación, el dialogo interior y ejercitando la imaginación constructiva.

El objetivo fundamental de la terapia de psicosíntesis es buscar el desarrollo y el crecimiento personal que permita el equilibrio del Yo en busca de las necesidades espirituales del sujeto que lo lleve a desarrollar el Yo transpersonal en búsqueda de la identidad personal, sentimientos de solidaridad y el amor a la naturaleza, valiéndose de la imaginación, la voluntad y el deseo real de cambio.

La terapia de psicosíntesis es apropiada y de gran ayuda para personas que atraviesan crisis existenciales, ayuda a combatir el estrés, al alivio de las enfermedades psicosomáticas, ayuda en la solución de problemas de relaciones interpersonales que buscan una mejor relación y comunicación con los demás, favorece en la eliminación de hábitos y pensamientos destructivos fortaleciendo la autoestima así como en el control y manejo de síntomas neuróticos.

Actitud Psicológica frente a las enfermedades crónicas y terminales

Una enfermedad crónica es aquella enfermedad que está íntimamente relacionada con el estilo y calidad de vida del sujeto, es aquella enfermedad que no tiene cura y debe recibir un mantenimiento medico de por vida a través de asistencia profesional y muchas veces hasta a asistencia familiar en busca de la mejor calidad de vida posible, las principales enfermedades crónicas son las enfermedades cardiovasculares (los infartos de miocardio o accidentes cerebro-vasculares); el cáncer; las enfermedades respiratorias crónicas (el asma); la diabetes, (OMS 2011) el 63% de muertes en el mundo se debe a las enfermedades crónicas, en el 2008, 36 millones de 57 millones de muertes globales fueron a consecuencia de las enfermedades crónicos o enfermedades no transmisible, mas de 9 millones de estas fueron personas menores de 60 años, en términos mundiales afecta de la misma forma a hombres y mujeres, el factor de riesgo más frecuente son el tabaquismo, uso nocivo del alcohol, la mala alimentación y la falta de actividad física; la población más afectada son en los países pobres de ingresos bajos y medios debido a que las enfermedades crónicas demandan altos costos mantiene a las personas en la pobreza, de eliminar los factores de riesgo se podría prevenir cerca de las tres cuartas partes de de las enfermedades cardiovasculares, los accidentes cerebro-vasculares y la diabetes de tipo 2, y en un 40% los casos de cáncer.

La enfermedad crónica se caracteriza por la presencia de síntomas físicos, que alteran el normal desarrollo de la vida de la persona la que debe aprender a vivir con ellos y mantener los cuidados adecuados para su equilibrio físico, así mismo aparecen estados emocionales que provocan estrés, temores, angustias, ansiedad, inseguridad de vida, perdida de la valoración, de la imagen corporal, perdida de autoestima, asilamiento social y familiar, etc., la intensidad de estos estados emocionales están relacionados al tipo de enfermedad crónica que enfrenta el paciente y a sus características personales.

El paciente vive una enfermedad que no tiene cura y por lo tanto es un proceso largo con síntomas físicos provocando incomodidad e incapacidad para llevar una vida normal por lo que enfrentan una constante amenaza a su integridad física y la amenaza de terminalidad, todo esto provoca la aparición de estados emocionales negativos que conforme pasa el tiempo pueden ir en aumento, la aparición de estos estados emocionales van incrementando una estado de inseguridad personal acompañado de pensamientos negativos, creencias irracionales que lo llevan a situaciones de estrés y ansiedad, esta situación de estrés se origina como consecuencia del padecimiento físico que obliga al paciente a realizar cambios en su vida diaria, que provocan la insatisfacción e inseguridad del paciente; como consecuencia de la tensión vivida durante largo tiempo aparece la depresión, angustia y ansiedad que afecta negativamente a la recuperación del paciente e incluso deja huellas emocionales como el estrés postraumático, provocando en el paciente asilamiento y en muchos casos la dramatización de la enfermedad.

La familia se ve afectada en diversas formas que están relacionadas al tipo y tiempo de enfermedad crónica que padezca el paciente, la edad, el rol del paciente dentro de la familia, el tipo de relación afectiva existente dentro del grupo familiar, así como el rol social del paciente, y la afectación en la economía familiar.

Las reacciones psicológicas, los cambios físicos, los cambios en el estilo de vida resultan sumamente dificultosos y torturante para el paciente, acompañados de reacciones emocionales que demandan aislamiento por parte del paciente, temor, angustia, ansiedad, agresividad, ira, violencia contra sí mismo o los demás, depresión, angustia, ansiedad, desesperanza, el desarrollo de la auto eficacia, la autoestima y la asertividad también se ven afectadas así como muchas más variables psicológicas que retroalimenta negativamente el estado de salud del paciente, las reacciones emocionales negativas que aparecen frente al diagnostico se convierten en el primer obstáculo para una pronta adaptación, para el control y manejo la enfermedad.

Muchos estudios han demostrado que los estados emocionales y la actitud positiva en los pacientes logran mejores resultados en los tratamientos médicos, tal es el caso en pacientes con cáncer que logran una mayor esperanza de vida como consecuencia de la mejora en la calidad de vida provocando respuestas más favorables a los tratamientos médicos y sus relaciones interpersonales, así como la capacidad de poder mantener una vida productiva para ellos mismos y sus familias.

En la actualidad existen grupos de autoayuda que tienen la principal función de dar apoyo emocional a estos pacientes así como darles la oportunidad de conocer personas que están pasando por lo mismo y de esta manera pueden intercambiar experiencias que favorezca una mejor adaptación, comprensión y conocimiento de su enfermedad, otro factor importante es la información educativa sobre la enfermedad, alternativas de tratamiento, cuidados personales, dando la oportunidad al paciente de conocer todo respecto a su enfermedad y encontrar alternativas que le permitan encontrar mejores formas de encontrar alivio a sus síntomas y de dar un mejor mantenimiento a su enfermedad.

La asistencia psicológica es una alternativa altamente favorable para el paciente y sus familiares ya que por medio de esta el paciente aprende a controlar sus respuestas emocionales, a mejorar y mantener relaciones interpersonales positivas y duraderas; a la terapia psicológica se suma el apoyo o asistencia espiritual, ambas asistencias se encuentran ligadas íntimamente, debido al contenido terapéutico dirigido a hacer que el paciente encuentre alivio emocional fortaleciendo la fe, la esperanza de una mejor vida ante las circunstancias que le toca vivir al paciente.

Existen terapias psicológicas que abordan los aspectos psicológicos y espirituales del paciente en busca de la integridad personal y recuperación de la salud física y mental, los pacientes con enfermedades crónicas tienen gran fragilidad emocional debido a la inestabilidad de su salud física, de ahí la importancias de abordar aspectos de la personalidad del sujeto que lo lleven a la búsqueda de una mejor estilo de vida que les permita ir en busca de la salud física.

Al hablar de enfermedades crónicas se piensa más en el adulto mayor o en los ancianos, la realidad nos dice que no solo ocurre en los adultos mayores ocurre en cualquier edad, la modernidad, los nuevos hábitos de vida, el estrés generalizado de las sociedades dan paso libre a las enfermedades crónicas, como la diabetes, las enfermedades coronarias, el cáncer, las alergias, las enfermedades gastrointestinales y muchas más que no discriminan edad, sexo, estatus social, ni económico, por eso la importancia de que a través de las terapias psicológicas y los programas educativos se logre la estabilidad psíquica, nuevos hábitos y estilos de vida que favorezcan el bienestar físico.

Los programas de prevención son de gran utilidad y deberían llegar a la población antes de la aparición de la enfermedad, pero hay que reconocer que dentro de la normalidad las personas no suelen ocuparse de las enfermedades debido a que existen otras variables en la sociedad que tienen más importancia que pensar o hablar sobre la prevención de las enfermedades.

Un tema también importante es la situación de la enfermedad terminal, esta se encuentra relacionada la enfermedad crónica debido a que muchas de estas enfermedades en su evolución desencadenan en una fase terminal tal es el caso de cáncer, el extender este proceso de terminalidad está relacionado a la forma de enfrentar la enfermedad, tanto en cuidados físicos como cuidados emocionales.

En la psicoterapia a pacientes crónicos es importante tomar en cuenta aspectos importantes del paciente como:

1- En la anamnesis, la historia familiar, historia personal, y sus antecedentes a la enfermedad
2- Eventos sucedidos antes del diagnostico
3- Desarrollo biológico del paciente (edad y madurez biológica)
4- Estado emocional del paciente antes, durante y después del diagnostico
5- Creencias racionales e irracionales sobre la enfermedad
6- Pensamientos y creencias del paciente sobre sí mismo y los demás
7- Creencias religiosas del paciente
8- Relaciones interpersonales y familiares del paciente
9- Rol del paciente dentro de su contexto familiar, social y laboral
10- Personalidad del paciente
11- Calidad de vida del paciente, hábitos y costumbres
12- Expectativas y esperanzas del paciente
13- Conocimiento sobre la enfermedad y cuidados
14- Alternativas de cuidados que posee el paciente

La terapia psicológica con pacientes crónicos debe abordar los aspectos espirituales del paciente debido a la carga emocional que conlleva y que se encuentra íntimamente vinculado a las características psicológicas de los pacientes; la familia es parte principal de la vida del paciente razón por la que debe ser considerada y tomada en cuenta durante la psicoterapia. La espiritualidad se convierte en el paciente el mayor soporte emocional que tiene a su alcance, por lo que se ve la necesidad de abordarlo con respeto y aceptación por parte del psicoterapeuta.

El paciente enfrenta cambios en su organismo incluso en el desarrollo de su sexualidad como consecuencia de los problemas físicos y psicológicos que demandan la sobrecarga emocional expresada por el estrés como consecuencias de la enfermedad, por tal motivo la sexualidad del paciente se ve afectada principalmente apareciendo disfunciones y perdida del deseo sexual, esto ocurre de diferente forma y magnitud en los pacientes dependiendo de la edad, sexo, tipo de enfermedad crónica, características de las relación de pareja, la depresión que aparece con la evolución de la enfermedad crónica, va asociada a la disfunción sexual por lo que se debe investigar el origen de dicha disfunción con la finalidad de encontrar la causa, que puede estar asociada a la auto percepción que tiene el sujeto de sí mismo, al sentimiento de incapacidad de desarrollarse normalmente, dificultades en la autoestima, autoimagen, autovaloración, que afecta el normal desarrollo de su sexualidad, las respuestas sexuales son diferentes en hombre y mujeres, las características de personalidad, la historia sexual y la sexualidad previa, mayormente el problema de la sexualidad no es tomado en cuenta por el paciente ni por el profesional de salud, por eso la importancia de que la sexualidad sea evaluada como parte integral de los tratamientos y asistencia psicológica que recibe el paciente.

PSICONCOLOGÍA Y SU PARTICIPACIÓN EN LOS CUIDADOS PALIATIVOS

La psiconcología es una rama de la psicología que estudia las características psicológicas y sociales que se asocian a la aparición y presencia del cáncer y tiene como objetivo mejorar la calidad de vida de los pacientes con cáncer y sus familiares buscando el alivio de los respuestas emocionales que aparecen con la enfermedad, fortalecer los aspectos sociales del paciente como son las relaciones interpersonales dentro del grupo familiar y su relación con el medio donde se desenvuelve; otro objetivo importante es la elaboración de programas de prevención contra las enfermedades oncológicas para la población, llevando una adecuada información que permita conocer las características físicas y emocionales de la enfermedad, buscar alternativas de asistencia médica y psicológica que le permitan tener la atención adecuada ante la presencia de una enfermedad oncológica.

El cáncer es una enfermedad prevenible y curable cuando es detectada en su fase temprana, la Organización Mundial de la Salud (OMS 2012) sostiene que actualmente la incidencia de cáncer ha aumentado significativamente en todo el mundo, y que el cáncer es una de las principales causas de muerte a nivel mundial, en el 2008 murieron de cáncer 7,6 millones de personas y las proyecciones realizadas para los próximos 10 años se estima que morirán otros 84 millones si no se toman medidas de prevención necesarias. Entre las causas de la muerte por cáncer (30%) se encuentran los riesgos conductuales y alimentarios como el sobrepeso y la obesidad, la mala alimentación, la falta de actividad física, el consumo de tabaco y alcohol; y el 70% de todas las muertes oncológicas se producen en países de bajos y medianos ingresos, donde se invierte menos en la prevención y tratamiento del cáncer y se espera que para el 2030 las muertes por cáncer en el mundo superen los 11 millones.

Las estadísticas muestran la importancia y la necesidad de elaborar y poner en práctica nuevos programas de prevención que se complementen con programas de formación y capacitación de personal debidamente entrenados para la atención, cuidado y educación de los pacientes y de la población en general, así como de profesionales de la salud debidamente preparados en la prevención y alternativas de tratamiento a los pacientes.

El paciente oncológico desde una perspectiva general es un sobreviviente desde el momento del diagnostico y por el resto de su vida, este sobrevivir no solo es una situación individual, sino también una vivencia familiar y social, que forman parte de la vida del paciente y de cada miembro de la familia, amigos y demás personas que se relacionan con él.

El paciente oncológico tiene derechos y estos son un tema de alta prioridad dentro de los sistemas de salud que tienen el compromiso de brindar asistencia y cubrir las necesidades para la sobrevivencia a la enfermedad con la mejor calidad de vida posible del paciente oncológico, por lo que es importante tomar en cuenta los derechos del paciente frente a la aparición de la enfermedad, durante el proceso de tratamiento y en el afrontamiento a la muerte como son:

- Derecho a conocer el diagnóstico en todas sus dimensiones así como recibir respuestas sinceras a sus preguntas,
- Derecho a acceder a la información sobre la enfermedad y las alternativas de tratamientos,
- Derecho a la atención frente a cualquier estadio y tipo de diagnóstico,
- Derecho a aliviar los síntomas físicos sobre todo el dolor para llevar una vida lo más normal posible,
- Derecho a decidir y participar en sus tratamientos,
- Derecho a la atención psicológica, en busca del alivio al sufrimiento emocional, asistencia espiritual y apoyo social en busca del confort integral,
- Derecho a escoger y decidir sobre quién será su cuidador y cómo serán sus cuidados durante la enfermedad,

- Derecho al acompañamiento familiar así como a la asistencia psicológica y social para el paciente y sus familiares que ayuda al mejor entendimiento de la enfermedad, en busca del alivio psico-emocional de la familia,
- Derecho al respeto de sus ideas y creencias, a la esperanza y a expresar sus sentimientos, emociones y temores,
- Derecho al respeto de la dignidad humana durante la enfermedad,
- Derecho a morir con dignidad, acompañado de sus familiares, con el soporte espiritual que necesite y solicite el paciente y familiares,
- Derecho a que la familia reciba el soporte necesario para enfrentar la muerte así como toda la información necesaria que les permita enfrentar la situación que les toca vivir con la mejor actitud posible.

El respeto de los derechos del paciente oncológico permitirá que el paciente reciba la mejor calidad de vida posible, a mantener la integridad física y psicológica que necesite tanto el paciente como sus familiares con el debido respeto de sus creencias y valores.

En la psiconcología existen dos palabras que están íntimamente relacionadas y son "CANCER" Y "SOBREVIVIENTE" ambas representan fortaleza, valor y determinación para enfrentar las emociones y sentimientos que aparecen frente a la enfermedad como son el temor, la angustia, la ansiedad, cólera expresada por la irritabilidad y la agresión en todas sus direcciones ante la presencia de lo desconocido que amenaza la integridad física individual, convirtiéndose en la lucha de cada día por vencer la enfermedad.

Los sentimientos y emociones del paciente con cáncer son sumamente complejos y muy difíciles de manejar para el paciente, como el miedo, la angustia, la desesperanza, la ansiedad, pensamientos negativos como ¿qué me va a pasar?, ¿moriré? Nadie me puede ayudar, ¿qué debo hacer?, son estas interrogantes y muchas más que aparecen frente al diagnóstico, pero no es solo el paciente el que vive estos momentos también lo vive el familiar, cada miembro de la familia se ve afectado emocionalmente dependiendo del rol que ocupa dentro del contexto familiar y su relación frente al paciente, donde el común denominador son preguntas como ¿por qué pasa esto?, ¿qué debo hacer?, ¿a quién debemos recurrir?, ¿Qué pasara si muere?; el familiar también vive sentimientos y emociones acompañado de pensamientos negativos y desesperanzas, lo común entre el paciente y el familiar es el enfrentar a la posibilidad de encarar la muerte.

El cáncer trae consigo respuestas emocionales en el paciente y en los familiares, respuestas difíciles de entender, manejar o controlar, por lo que es importante la asistencia psicológica; para el éxito de esta asistencia es necesario tomar en cuenta durante la evaluación y tratamiento las siguientes variables:

- La comunicación, es el medio más útil para llegar y entender lo que el paciente siente frente a la enfermedad y tipo de relación que sostiene con sus familiares, el éxito de esta comunicación se logra poniendo en práctica la capacidad empática como el mejor instrumento en la comunicación con el paciente; el profesional debe estar libre de prejuicios, ser capaz de observar y juzgar objetivamente, dejar al paciente y/o familiares que se expresen libremente sin interrupciones sobre cada uno de los síntomas y situaciones vivenciales que presenten ante la enfermedad, centrando la investigación en cómo se siente el paciente tanto física y emocionalmente incluso sobre sus relaciones interpersonales, permitiendo que se dé una comunicación tipo dialogo entre el paciente y el profesional, para que la comunicación permita conocer lo que piensa, siente y quiere el paciente y de la misma forma con los familiares, es primordial que la comunicación se dirija siempre en primera persona, con el "yo pienso" o "yo me siento" y excluir el "Ud. debe".

- Capacidad receptiva del profesional, que permita escuchar y verificar que el mensaje se está recibiendo apropiadamente, verificando lo que escuchó con preguntas ratificatorias para estar seguros de que se está entendiendo lo que el paciente desea decirnos, buscando entender con claridad el mensaje que nos da el paciente.

- La comunicación no verbal del profesional y del paciente, está referido a las expresiones faciales, la postura, el tipo de atención, por lo que es necesario igualar las palabras a las expresiones gestuales, es importante tomar en cuenta la expresión de emociones y sentimientos, debido a que el paciente suele ser muy perceptivo de las emociones de quienes están cerca suyo, por eso la importancia de expresar los pensamientos durante las sesiones, la comunicación no verbal o comunicación corporal es importante ya que es la expresión inconsciente de cómo se siente el paciente en el momento de la consulta.

- La información sobre la enfermedad, debido a la percepción y avidez de conocimiento que muchas veces tiene el paciente es necesario estar informado sobre las características generales de la enfermedad así como de los tratamientos que sigue el paciente, de ahí la importancia de conocer la historia médica del paciente en todas sus dimensiones.

- Ayudar al paciente a decidir y escoger sobre los tratamientos que le presenten a seguir así como escoger al profesional de salud que desee, e incluso ayudarlo a buscar otra opinión si así lo desea el paciente.

- La toma de decisiones es otro aspecto importante en la asistencia psiconcológica, es la capacidad del paciente y de los familiares de decidir cómo mejorar la calidad de vida, analizando los pro y los contra de sus decisiones acerca del tratamiento y sus cuidados tanto para el paciente como para su familia, e incluso conocer los tiempos que tiene para la toma de decisiones.

- La solución de problemas, brindar los recursos necesario para que el paciente sea capaz de hacer lo necesario para resolver cualquier situación difícil que se presente en sus actividades cotidianas, identificando el problema, reuniendo la información adecuada y por ultimo diseñando un plan de acción que lo lleve a la resolución de sus problemas

- La negociación, es otra alternativa que ayuda a mejorar la calidad de vida del paciente, aprendiendo a tener una mejor comunicación con sus cuidadores de salud en busca de obtener lo que necesita para sentirse mejor, así el paciente aprende a escuchar y comunicarse eficientemente, identificando los valores, los principios y las normas por las que se rigen los centros de salud, estableciendo limites personales y de conducta que permita colocar a un lado las emociones durante las negociaciones visualizando más de una solución para cualquier dificultad.

- La defensa de los derechos, esto permite al paciente hacer algo activamente a su favor, manteniendo y mejorando la autodefensa, es el sentir el control de su propia vida por medio de la autoconfianza en el sentido de pedir ayuda, comunicarse con gente que vive la misma enfermedad, sentir esperanza de vida y amparo.

- La participación en grupos de apoyo, es la participación en reuniones grupales con personas que viven la misma situación, estas reuniones son de gran ayuda debido a que puede darse cuenta que hay otras personas que viven situaciones similares a las que vive el paciente, permitiéndole encontrar respuestas a muchas de sus dudas e interrogantes.

Variables como autoestima, autovaloración, autoconfianza, autoimagen son elementos muy importantes en la lucha contra el cáncer, para que estas características personales se vean fortalecidas y reforzadas depende del trabajo multidisciplinario de los profesionales de salud, de las relaciones interpersonales y comprensión de los familiares, la participación humanitaria de los cuidadores de salud y la comunidad, son estas variables que el psicoterapeuta deberá considerar como variables de estudio.

Cuando se habla del derecho a saber del diagnostico, es importante tomar en cuenta las características personales del sujeto, como son la personalidad y los niveles de susceptibilidad, debido a que no todas las personas poseen la misma capacidad emocional para determinada información, ya sea por la edad, las características emocionales y psicológicas, etc., por lo que es importante la evaluación psicológica del paciente antes de recibir la información de su diagnóstico, el profesional de salud debe tener una reunión previa con el familiar más cercano para poder encontrar la mejor manera de informar y el momento de hacerlo tomando en cuenta la individualidad, las reacciones frente al diagnóstico son totalmente diferentes en cada persona, existe quienes el diagnostico de cáncer lo toman como un reto al cual hay que vencer, mientras otras lo consideran como una sentencia de muerte y hay que esperarla provocando así la resignación un factor negativo para la sobrevivencia a la enfermedad, el manejo de la información de la enfermedad debe ser individualizada y con el asesoramiento de personal especializado y coordinado con el familiar.

Cuidados Paliativos en Psicología

Para la asistencia en los cuidados paliativos la psiconcología es un complemento en los tratamientos de los pacientes oncológicos y/o terminales, porque va más allá de aliviar el dolor físico, buscando aliviar el dolor emocional y espiritual este es el tipo de dolor que causa más daño al paciente convirtiéndose en la variable que interfiere en la calidad de dichos pacientes.

La Organización Mundial de la Salud (OMS) define a los cuidados paliativos como la atención del paciente cuya enfermedad avanzada e incurable, buscando mejorar la calidad de vida en los pacientes y sus familiares mediante la prevención y alivio del sufrimiento valiéndose del diagnostico precoz; los cuidados paliativos no solo son aplicables a fases terminales sino también son aplicables en etapas tempranas de muchas enfermedades como el cáncer, el sida que actúa de manera conjunta con tratamientos activos, centrándose en el control de síntomas, así como los problemas psico-sociales y espirituales.

El objetivo fundamental de los cuidados paliativos es afirmar la vida y considerar la muerte como un proceso natural, no la aceleran ni la retrasa, buscando mantener la mejor calidad de vida posible hasta el momento de la muerte.

Las técnicas psicológicas así como la psicoterapia cobran gran importancia en el tratamiento y cuidado de los síntomas psico-emocionales en los pacientes y en el mayor éxito de los cuidados paliativos que tienen la función de brindar confort físico y psico-emocional al paciente así como dar apoyo y asesoría a los familiares, el manejo de los síntomas psicológicos que aparecen ante la presencia de la enfermedad son aliviados por medio de la terapia y técnicas psicológica, la psicoterapia y el apoyo psico-emocional, teniendo participación activa en el proceso de muerte y perdida del ser querido, colaborando con el respeto del derecho a la muerte con dignidad evitando así el sufrimiento innecesario, las enfermedades terminales así como el cáncer no discrimina condición social, económica, razas, nacionalidad, ni edad; por lo que es importante tomar en cuenta dichas características individuales del paciente y su familia.

Los cuidados paliativos se dan bajo el trabajo de un equipo multidisciplinario que tienen la función principal de brindar bienestar integral al paciente por medio del alivio de sus síntomas físicos, alivio psico-emocional, cubrir las necesidades espirituales del paciente y de los familiares.

Los cuidados paliativos toman en consideración los aspectos integrales del paciente y sus familiares valiéndose de las siguientes etapas para brindar la mejor de las atenciones en momentos tan difícil de aceptar y sobrellevar, estas son:

- Alivio de síntomas físicos, de sobre manera especial el alivio del dolor y demás síntomas como consecuencia de nuevas dolencias orgánicas que presente el paciente con el pasar del tiempo, y la búsqueda del confort físico del paciente en todas sus dimensiones orgánicas.

- Alivio psicológico, consiste en cuidar de forma minuciosa los síntomas psico-emocionales como son la angustia, ansiedad, depresión, mutismo, aislamiento social, reforzando la comunicación entre los miembros de la familia y el personal de cuidado médico, en esta fase es importante que el paciente haga sus reconciliaciones con los demás y consigo mismo, lo que le permitirá encontrar la paz interior, con sus amigos y familiares.
- Soporte espiritual, dirigido a llevar la guía y apoyo espiritual que el paciente necesita de acuerdo a sus propias características y necesidades, manteniendo el respeto total de las creencias del paciente, para dar paso a una muerte tranquila o muerte digna.
- Soporte social, permite ayudar al paciente a poner sus asuntos personales en orden como son testamentos, despedidas, encargos y demás que permitan la tranquilidad del paciente en todos sus aspectos sociales y personales.

Dentro de los cuidados paliativos se deberá considerar los siguientes aspectos en la atención:

- Alivio al dolor y otros síntomas,
- Defender la vida pero contemplando la muerte como proceso natural,
- No se intenta acelerar ni posponer el fallecimiento,
- Incorporar aspectos espirituales y psicológicos en la atención del paciente,
- Proporciona apoyo a los pacientes para mantener la mayor actividad dentro de sus limitaciones hasta el momento de la muerte
- Apoyo a la familia a lo largo del proceso de la enfermedad e incluso posterior a la muerte.
- Trabajo multidisciplinario para resolver las necesidades del paciente y sus familiares, en caso sea necesario, incluso en el duelo,
- Influir en el paciente y familiares de manera positiva en el transcurso de la enfermedad, en busca de una mejor calidad de vida,
- Los cuidados paliativos también pueden ser incluidos al inicio de la enfermedad con el objetivo de ayudar a la sobrevivencia del paciente el mayor tiempo posible, buscando alternativas y formas más adecuadas de comprender y tratar las complicaciones que se presentan y que afectar al paciente.

Los sistemas de cuidados paliativos cada vez cobran mayor importancia en el mundo entero, buscando mejorar la atención de los enfermos en fase terminal por lo que los sistemas de salud con sus programas de cuidados paliativos tienen determinadas características que ayudan a los pacientes y sus familiares, como son:

- Los sistemas de atención de cuidados paliativos deberá estar conformado por un equipo multidisciplinario, conformado por profesionales que ayuden a cubrir las necesidades del paciente y sus familias, como son médicos, enfermeras, psicólogos, terapistas físicos, nutricionistas, asesores espirituales, asistentas sociales, personal voluntario, etc.
- La atención deberá ser lo más positiva posible, por lo que se deberá incluir a la familia completa
- Aminorar las preocupaciones del paciente y sus familiares como es el alivio del dolor y demás síntomas físicos, estas son las más grandes preocupaciones que tiene el paciente y la familia, el alivio es siempre de intención paliativa, es decir no se elimina totalmente pero se alivia hasta dar confort al paciente.
- La medicina paliativa es integradora por qué no excluye a otros profesionales, ni tratamientos activos de intención paliativa, siempre busca el bienestar del paciente.
- Está conformado por unidades intrahospitalarias disponibles para brindar una atención global por un equipo multidisciplinario de profesionales, también conformada por casas de reposo, unidades hospitalarias diurnas y nocturnas, así como equipos de control ambulatorio y de atención domiciliaria.

El modelo de la atención paliativa se caracteriza por ser una atención dirigida al paciente y su familia siendo de carácter personalizado, por parte de un equipo multidisciplinario, con tratamientos de intención únicamente paliativa y de carácter integrador con asistencia y disponibilidad total durante las 24 horas del día.

Dentro de los sistemas de cuidados paliativos la Tanatología toma gran importancia en la asistencia multidisciplinaria, la tanatología es una disciplina científica que tiene por objetivo estudiar el proceso de la muerte en los seres humanos, desde una perspectiva psicológica la tanatología estudia las variables que se presentan en el paciente, los familiares y la sociedad ante la presencia de la muerte.

La participación de la psicología en el proceso de muerte lo hace en el sentido de establecer las características psicológicas que se experimentan ante la presencia de la muerte, buscando crear confianza, seguridad y bienestar emocional en el paciente terminal asegurándole una muerte digna y en paz.

La muerte es un proceso natural en la vida de todo ser humano, es un proceso por el cual pasaremos inevitablemente nos guste o no, es un tema desconocido por todos y difícil de abordar, preferimos no hablar de la muerte porque de alguna manera la mantenemos lejos de nosotros, pero cuando la enfrentamos nos daos cuenta que no es ajena a nuestras vidas, el solo hablar de la muerte crea en las personas sentimientos de diversa índole, siendo el común denominador la tristeza y la pena, socialmente asociamos la muerte a la tristeza, por la pérdida de un ser querido.

La muerte trae consigo una serie de sentimientos y emociones que consideramos negativas como son: miedo, cólera, ira, incertidumbre, desesperanza, soledad, angustia, sentimientos que tenemos que enfrentar en diferentes dimensiones dependiendo de la relación y rol que tenemos con el que muere, por otro lado está el que se enfrenta a la muerte quien se enfrenta sentimientos intensos referidos a la amenaza a la existencia misma, donde prima el miedo a los desconocido.

El principal objetivo de la tanatología es dar alivio y confort emocional al paciente terminal aliviando el sufrimiento psicológico y espiritual, el dolor físico, atendiendo las relaciones más significativas del enfermo, como la última voluntad del enfermo así como los aspectos legales, centrándose en la calidad de vida del enfermo, evitando la prolongación innecesaria de la vida del enfermo así como el acortamiento prematuro de la vida, la tanatología como parte de la medicina busca aliviar y dar confort al paciente terminal a través de los cuidados paliativos y ayudar a la familia del enfermo a enfrentar el proceso de la muerte y el duelo.

Todas las religiones del mundo hablan sobre la muerte y centran sus estudios en el proceso de enfrentar la muerte, todas estas posiciones son muy favorables por que ayudan a las personas a encontrar el alivio espiritual y la paz interior que es la base de una muerte en paz, sin sufrimiento y desesperación.

El paciente terminal presenta muchas necesidades emocionales y psicológicas que necesitan ser atendidas como es la necesidad de seguridad el paciente necesita sentirse seguro de que el personal médico le brindara la mejor de las atenciones cuando las necesite y que su familia estará ahí para acompañarlo, atenderlo y darle el afecto para sentirse seguro de sí mismo, necesidades de pertenencia, de ser aceptado y comprendido, sentirse querido recibiendo y dando afecto, por lo que una de las necesidades que cobre mayor importancias es la comunicación que permite al paciente sentirse escuchado y tomado en cuenta aumentando su seguridad, confianza y esperanza de que todo estará bien; mantener satisfechas las necesidades psico-emocionales del paciente terminal ayuda a conseguir una muerte digna, sin sufrimiento y en paz.

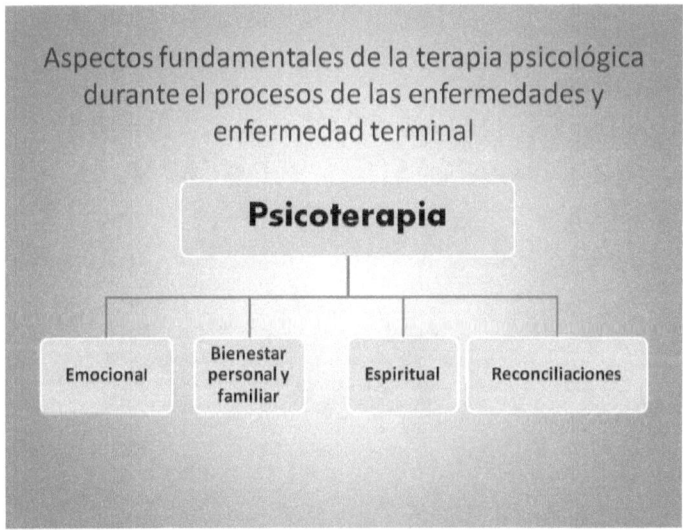

Fig. Variables fundamentales en la terapia psicológica durante el proceso de enfermedades crónicas y terminales.

Existen procesos para acelerar o retardar la muerte que son llamados "Distanasia" y "Eutanasia" así como la "Ortotanasia", muchas veces con la intensión de evitar el proceso de la muerte es común caer en el problema de la "distanasia"; es el empleo de todos los métodos posibles para retrasar el proceso de la muerte ante una enfermedad que no tenga esperanzas de curación, es todo lo contrario a la eutanasia, la distanasia está referido al dicho de "mientras hay vida hay esperanza" la distanasia debido al uso de todos los medios para mantener con vida a la persona muchas veces el moribundo entra en un proceso de muerte lenta y con sufrimiento, este es un tema ético el cual es muy discutible, lo importante es tomar en cuenta el deseo del enfermo y sus familiares considerando las proyección y la evolución de la enfermedad, algunos lo llaman la prolongación de la agonía, hay que tener en cuenta que "Eutanasia y Distanasia" son antónimos; la Eutanasia es el proceso por el cual se acelera la muerte de una persona enferma, sin dar la oportunidad de que la muerte proceda de manera natural como parte del proceso de la enfermedad incurable, estos son extremos en la dignidad humana, muchos bioéticos hablan de la muerte digna, sin abreviaciones innecesarias y sin sufrimiento adicionales, está referido a la muerte en el tiempo que debe ser y de forma natural a esto se le llama "Ortotanasia", es la humanización de la muerte, al alivio de los dolores y no hay procedimientos innecesarios que produzcan sufrimientos adicionales.

	EUTANASIA	SEDACION
DIFERENCIAS ETICAS Y TECNICAS EUTANASIA Y SEDACION		
SEGUN SU INTENCION	•Provocar la muerte a petición del paciente o familiar para evitar el sufrimiento	•Aliviar el sufrimiento por un síntoma refractario.
SEGUN SU PROCEDIMIENTO	•Administrar fármacos a dosis letales que provoquen la muerte de forma rápida	•Administrar fármacos para reducir el nivel de consciencia de forma proporcional al control del síntoma.
SEGUN EL RESULTADO	•Muerte anticipada •Es irreversible	•Disminución del nivel de consciencia mientras acontece la muerte.

ELENA MARTINEZ MARTINEZ (2009)

Fig. Diferencias éticas entre la sedación y la eutanasia

Una variable muy importante y necesaria a tomar en cuenta en la salud, asistencia paliativa y en etapa terminal es la bioética y la ética médica, estos temas son fundamentales en la atención médica sobretodo en la etapa de los cuidados paliativos, por lo importante que es el respeto a la vida y a la dignidad humana.

Los temas generales en bioética son los problemas relacionados con:

- la supervivencia de la vida humana con la mejor calidad de vida posible;
- la relación que existe entre el medio ambiente y la tecnología dada por los avances científicos;
- aplicación de los derechos humanos;
- la salud pública;
- los conflictos interpersonales;
- la medicina y la salud pública;
- la relación entre ciencia y valores morales;
- relación entre materia y espíritu;
- relación entre los avances científicos y el desarrollo humano;

Todos estos temas generales se generan de los principios que rigen la ética básica como son: la beneficencia y la no maleficencia, referido a evitar el daño buscando el mayor beneficio posible; la autonomía personal, el respeto a la capacidad de manejar la propia vida o por ser protegido cuando su capacidad de decisión se encuentra afectada; la solidaridad, es recibir acompañamiento y aplicación de recursos asistenciales adecuados al proceso de morir; al no abandono, desinterés, al olvido y a la compañía por parte de los familiares, cuidados de calidad y alivio al sufrimiento físico y mental; justicia e imparcialidad en la distribución de recursos.

Evitar el encarnizamiento terapéutico que lleve a la distanasia, es evitar los procedimientos médicos que tengan el objetivo de alargar la vida en situaciones de agonía por la no aceptación a la muerte en busca de una curación o proceso de postergar la muerte, por demanda del enfermo o familiar.

Por otro lado la oposición a la eutanasia tiene la razón de peso en al argumento de que la situación de sufrimiento en la fase terminal se puede controlar medicamente siempre y cuando se use de manera correcta la aplicación de los cuidados paliativos.

La psiconcología en niños

El cáncer en niños tiene una connotación emocional diferente que en los adultos debido al impacto que causa la presencia de un niño con cáncer o en fase terminal, el impacto emocional en la familia, amigos y la comunidad en general es muy grande despertando sentimientos de compasión, ternura, pena y dolor emocional sobretodo en los familiares y amigos más cercanos.

El niño al igual que los adultos se enfrenta a una serie de emociones desconocidas por el hasta el momento, como respuesta a la enfermedad y a las reacciones emocionales de los adultos, estas respuestas emocionales de los niños depende de la edad, y desarrollo psico-emocional, mayormente el niño no comprende la dimensión de lo que le está ocurriendo por lo que no logra verbalizar sus sentimientos y sus miedos, la forma de expresar sus emociones es a través de su conducta, de sus respuestas ante los estímulos que se presentan durante la enfermedad, en su relación con los familiares y medio donde se desenvuelve.

Los niños diagnosticados con cáncer se enfrentan a diversas situaciones como son las hospitalizaciones frecuentes, tratamientos agresivos como las quimioterapias, pruebas y controles médicos, separación de su medio social como largas ausencias de la escuela, menos participación de actividades con los amigos, y sobre todo se enfrentan al miedo a la muerte y al sufrimiento físico acompañado del dolor emocional, siendo una gran preocupación en los niños el dolor físico y el temor a la separación de sus padres, ocasionando muchas veces el aislamiento y la soledad que interfieren en sus actividades diarias; la autoimagen se ve alterada sobretodo en los adolescentes debido a los cambios físicos como la caída del cabello y la pérdida de peso como consecuencia de la enfermedad, sumada a los cambios propios de la adolescencia; la presencia del estrés por los procedimientos médicos y tratamiento como la radioterapia, quimioterapia, las frecuentes pruebas de laboratorio que suelen ser dolorosas, todos estos factores influyen notoriamente en la conducta del niño y el adolescente frente al personal médico como con sus familiares, su vida diaria se ve afectada en todas las dimensiones produciéndose trastornos en el sueño, fatiga, cambios en sus hábitos diarios, separación de su grupo social, así como la ausencia frecuente a la escuela, provocando el aislamiento, apatía, desinterés en las actividades que solía disfrutar, presentándose los primeros signos de depresión que se expresan a través de la angustia, ansiedad, irritabilidad, llantos sin razón aparente y el miedo a la separación de los padres.

Frente al diagnostico los padres experimentan sentimientos de incertidumbre, rabia, dolor, negación, depresión, culpa por la enfermedad de su hijo e impotencia de poder hacer algo para recuperar la salud de su hijo, hasta que finalmente viene la aceptación y con ella la preocupación y el estrés por la búsqueda de soluciones para enfrentar la enfermedad, la inseguridad es otra característica común que aparece en los padres por el cuidado del niño y el desconocimiento de los tratamientos y las probabilidades de éxitos de los mismos, también enfrenta la situación de explicar al niño sobre la enfermedad que lo aqueja, apareciendo sentimientos de negación y reacciones psico-emocionales como la angustia y ansiedad, por otro lado en muchos casos las desavenencias conyugales se acentúan frente al sentimiento de impotencia e incapacidad de resolver la situación que les toca vivir.

No solo los padres se ven afectados frente a la enfermedad del niño, también los demás hermanos se ven afectados de sobremanera, generando celos, problemas de conducta, resentimientos y culpas en los demás niños, el miedo es el agente que prima en la familia un miedo compartido y silenciado, ya que nadie es capaz de verbalizar sus miedos frente a la enfermedad.

La intervención psicológica en el cáncer infantil deberá tomar en cuenta las siguientes variables que llevara a cubrir las necesidades inmediatas del niño:

- Las necesidades emocionales del niño enfermo, estas necesidades son mayores que en el común de los niños, como es el sentirse querido, atendido y seguro, sentirse libre de sentimientos de culpa.
- Necesidades de apoyo, comprensión, empatía, aprobación, seguridad, compasión y disciplina, por parte de los padres, hermanos, demás familiares, personal de asistencia médica, de manera especial en las escuelas, amigos, vecinos y la comunidad en que vive.
- Necesidad de información, el niño también tiene derecho a saber que le está pasando y recibir una respuesta y explicación a sus miedos de acuerdo a su edad.

- Cubrir sus necesidades de afrontamiento al estrés físico y emocional así como asistencia psicológica de diagnostico y tratamientos frente a la presencia de las respuestas emocionales como consecuencia de la enfermedad.
- Los tratamientos psicológicos deberán estar acorde a la edad del niño, ya que dependiendo de la edad el niño puedo comprender lo que le está pasando, en el caso de niños menores nos enfrentamos a que el niño no tiene la capacidad de entender lo que le pasa por lo que las explicaciones se vuelven más difíciles de hacer, conforme el niño va avanzando en edad y desarrolla la capacidad de entendimiento será más fácil poder conversar y darle una explicación siempre acorde a su edad; los niños después de los 12 años logran entender mejor la enfermedad y los efectos de los tratamientos.
- El niño tiene la necesidad de ser escuchado y de ser comprendido en todas su dimensiones emocionales y sociales
- Necesidades de hablar con los padres y médicos para obtener respuesta a sus interrogantes sobre la enfermedad y tratamientos.

Los síntomas psico-emocionales que presentan los niños con cáncer son variados siendo el síntoma de estrés postraumático el más significativo y generalmente el adulto no lo reconoce, los síntomas postraumáticos son:

- Las pesadillas constantes,
- Irritabilidad, agresividad, reacciones de ira y cólera.
- Problemas de atención y concentración.
- Sobrerreacción antes los estímulos o situaciones diarias.
- Problemas de conducta, como son pataletas, desobediencia, rebeldía, etc.
- Necesidad de sobreprotección.
- Aislamiento y/o mutismo.

Es de gran importancia atender la presencia de estos síntomas del estrés post-traumático por que no solo afectan la vida del niño sino también la vida de la familia y del grupo al que pertenece, la forma de presentarse el síntoma post-traumático es diferente dependiendo de la edad del niño, menores de 5 años si sus padres no están cerca se sienten angustiados, esta angustia se manifiesta en no poder dormir o pérdida de control de esfínteres; en niños entre 6 y 11 años exterioriza el trauma a través de sus juegos, dibujos o cuentos, algunos tienen pesadillas volviéndose más irritables, también es posible que presentes problemas escolares de adaptación o aprendizaje, y por ultimo entre los 12 y 18 años de edad los síntomas son más parecidos al de los adultos, presentándose depresión, angustia y ansiedad o presentando conductas antisociales como son el uso de drogas por ejemplo.

La comunicación es un factor muy importante; los estilos de comunicación se deben tomar en cuenta para poder entender plenamente la situación que vive el niño, sus padres y su familia, el buen manejo de la comunicación ayuda a establecer el tipo de relación que existe entre el niño enfermo, los padres y demás miembros de la familia, la comunicación debe ser dirigida en forma bidireccional, el terapeuta necesita tener la mayor información sobre el paciente así como de la familia y como se enfrentan a la enfermedad, como los padres, familiares e incluso el niño necesitan la mayor respuesta a sus interrogantes sobre la enfermedad, tratamientos y alternativas para mejorar la calidad de vida del niño; la comunicación es el medio por el cual hace posible un mejor afrontamiento a los síntomas psicológicos que se presenten en el niño como en los padres y familiares.

La información del diagnóstico es un tema muy importante en los niños con cáncer, mayormente esta información se maneja entre el personal médico y los padre o familiares que raramente están preparados para recibir este tipo de diagnostico, es importante el darse cuenta de la nueva realidad que les toca vivir y entender el proceso médico posible de alcanzar e incluso la posibilidad de una cura de la enfermedad, los padres deben plantearse no solo el tratamiento médico sino también plantearse tratamientos de ayuda emocional y psicológica que permitan enfrentar la enfermedad al niño, a los padres y/o familiares, incluyendo los miedos y vulnerabilidad existente dando una visión positiva que ayude a mantener un estilo de vida lo más normal posible, para el niño y cada miembro de la familia.

Es importante estar preparados para los cambios que se sucederán en el transcurso del proceso de la enfermedad, como son los hábitos, las costumbres, cambios en los roles y relaciones familiares, así como las nuevas demandas sociales y emocionales que se irán presentando con el transcurso del tiempo, todos estos cambios serán explicados de forma simple y sencilla a los niños para el mejor entendimiento de las nuevas dimensiones y situaciones de vida que están viviendo; deberá manejarse de forma clara y precisa la información sobre la naturaleza de la enfermedad, los tratamientos a seguir así como los posibles efectos colaterales que se presenten, las alternativas de cura y la posibilidad del dolor e incomodidad durante los tratamientos.

¿Cómo hablar a los niños sobre el cáncer? Es un tema bastante difícil para muchos padres por lo que existen algunas guías básicas para ayudar a los padres a hablar con sus hijos sobre el diagnostico de cáncer, sin embargo la forma de hablarle a un niño sobre este tema dependerá de la edad, generalmente el niño posee la cualidad de sentir lo que está pasando a su alrededor, por lo que es común que el niño sienta que algo malo está pasando y que existe un problema que no logra entender, esto que el niño siente por ser algo desconocido e incomprensible lo lleva a imaginar un problema mucho más grave de lo que realmente pudiera ser, llevándolo a sentir miedo, ansiedad y angustia; es importante responder solo a las preguntas que el niño hace, tomando en cuenta siempre la edad del niño solo puede manejar una mínima información y conforme el niño va creciendo va haciendo preguntas la que hay que responder de forma simple y sencilla brindando la información correcta de lo que desea saber, enfocándose en sus preocupaciones del momento.

El entendimiento de los niños está relacionado a su edad y características individuales es así que los niños menores de 2 años no entienden al concepto de cáncer, pero están perturbados por las reacciones de sus padres o están cansados para jugar, alterados por la desorganización de su rutina diaria por lo que es importante establecer una rutina lo más pronto posible y que se acomode a sus necesidades de tratamiento y su recuperación.

Para los niños de 2 a 7 años, es común que ellos asuman ser los responsables por el cáncer, relacionándolo con algún problema que tuvieron ya sea en la escuela o en casa, por eso la importancia de liberarlos de alguna responsabilidad por contraer la enfermedad así como de sentimientos de culpa, explicándoles de forma simple lo que es la enfermedad y las posibles causas de la aparición y como serán los tratamientos a recibir y cómo le afectaran dichos tratamientos, el entendimiento va de acuerdo a la edad relacionado a ;a madurez y desarrollo personal del niño.

En niños en edad escolar de 7 a 12 anos, estos niños entienden mejor las causas y efectos de la enfermedad, pero es importante mantener siempre una explicación simple, muchas veces los niños pueden dudar en hacer preguntas o hablar sobre sus miedos por temor de abrumar a los padres o de no recibir respuestas, a esta edad es bueno preguntarles como se sienten animándolos a hablar sobre sus dudas, sus temores y que hagan preguntas sobre lo que deseen saber, de esta manera se les enseña a enfrentar las crisis o momentos difíciles de manera positiva.

Los niños de 12 años y mayores a esta edad los niños tienen un mayor nivel de comprensión sobre la enfermedad y los tratamientos, es importante escucharlos y tratar de ayudarlos en obtener la información que necesiten, los adolescentes tal vez tengan interés de saber más al respecto ya sea preguntando o haciendo sus propias investigaciones.

Las respuestas emocionales son diferentes en cada niño dependiendo de su edad, desarrollo mental, inteligencia, desarrollo social, etc., pueden tener reacciones como enojo o simplemente aislamiento, inseguridad acompañado de miedo, es importante buscar una persona en la que ellos se sientan libres y en confianza de hablar lo que sienten, piensan y quieren, porque de esa forma se les ayuda a tener una mejor adaptación y aceptación de la enfermedad.

Siempre se habla de los derechos humanos y existen personas dedicadas a velar por los derechos humanos, es así que la Dra. Lizbeth Quesada Tristán elabora un documento sobre "Los derechos del los niños con enfermedades terminales", dicho documento es apoyado por la UNICEF y difundido por todo el mundo como base de los derechos de los niños y adolescentes con enfermedades terminales.

Derechos de los niños con enfermedades terminales:

1- Tengo derecho a ser visualizado y concebido como sujeto de derecho y no propiedad de mis padres, médicos o la sociedad.
2- Tengo derecho a que se tome mi opinión en cuenta a la hora de tomar decisiones, ya que soy yo quien está enfermo.
3- Tengo derecho a llorar.
4- Tengo derecho a no estar solo.
5- Tengo derecho a fabricar fantasías.
6- Tengo derecho a jugar, porque aun muriendo sigo siendo niño o comportarme como un adolescente.
7- Tengo derecho a que se me controlen el dolor desde mi primer día de vida.

8- Tengo derecho a la verdad de mi condición, que me respondan con honradez y con la verdad a mis preguntas.

9- Tengo derecho a que se contemplen mis necesidades en forma integral.

10- Tengo derecho a una muerte digna acompañado de mis seres más queridos y mis objetos más amados.

11- Tengo derecho a morir en mi casa y no en un hospital como yo lo desee.

12- Tengo derecho a sentir y expresar mis miedos.

13- Tengo derecho a que se me de ayuda al igual que a mis padres para elaborar mi muerte.

14- Tengo derecho a sentir ira, cólera y frustración por mi enfermedad.

15- Tengo derecho a negarme a seguir recibiendo tratamiento cuando no exista cura para mi enfermedad, pero si recibir la mejor calidad de vida posible.

16- Tengo derecho a los cuidados paliativos si así lo deseo.

17- Tengo derecho a ser sedado a la hora de enfrentar mi muerte así lo deseo.

18- Tengo derecho a que mis padres comprendan que aunque los amo mucho voy a nacer a una nueva vida.

No todos los niños no son capaces de comprender estos derechos ya que depende mucho de la edad, madurez emocional y desarrollo personal, por lo que es importante que los padres y cuidadores de salud informen y expliquen claramente la enfermedad y los derechos que tienen y lo que pueden esperar de sus padres, familiares, amigos y personal de salud que lo asiste, siempre tomando en cuenta las características personales de cada niño.

Grupos de apoyo

Los departamentos de asistencia social de los servicios de salud tienen programas especiales de grupos de apoyo conformados por pacientes y familiares que tienen en común la misma enfermedad, estos grupos e apoyo social permiten a los pacientes y sus familiares conocer a personas que viven la misma situación de enfermedad y así poder realizar intercambio de opiniones respecto a tratamientos médicos, cuidados asistenciales, técnicas alternativas, y posibilidades de obtener mayor información sobre la enfermedad que los aqueja, este tipo de grupos favorece a la socialización de los pacientes, dándoles la oportunidad de sentirse activos por diversas actividades que se plantean dentro el grupo de pertenencia.

Los grupos de apoyo tienen el objetivo de crear actividades dirigidas a:

- brindar la mayor información posible sobre la enfermedad,
- permitir a las pacientes realizar actividades recreativas que permitan mejorar sus estados de ánimo,
- ayudar a los pacientes a cubrir sus necesidades médicas, facilitarles el acceso a sus medicinas e incluso ayudarlos a conectarse con instituciones que les brinden algún tipo de ayuda para cubrir sus necesidades medicas,
- informar a los pacientes de técnicas y tratamientos alternativos,
- la participación de los grupos de apoyo permite al paciente formar parte de grupos social que ayuda emocionalmente a mantener su autonomía personal,

Los grupos de apoyo están dirigidos por asistentas sociales, psicólogos, personal voluntario, enfermeras que se encuentra debidamente entrenados para el manejo de personas que poseen vulnerabilidad emocional y fragilidad física, con la capacidad de dirigir discusiones en temas de salud, así como de dar la mayor información posible sobre definiciones, tratamientos y alternativas para la solución de sus dudas.

Los grupos de apoyo pueden ser:

- Grupos de apoyo de salud, su objetivo principal dar información sobre la enfermedad, tratamientos y alternativas de solución de problemas médicos,
- Grupos de apoyo espiritual, con el objetivo de brindar esperanza, fe y confort espiritual, durante el proceso de enfermedad,
- Grupos de apoyo social, con el objetivo de dar información sobre los problemas legales y sociales que se les presenten ante la enfermedad, igualmente dirigidos a elaborar actividades sociales que permitan la distracción del paciente, dándoles la oportunidad de llevar una vida con actividades social tomando en cuenta sus limitaciones físicas y sin poner en riesgo su salud,

- Grupos de apoyo informativos sobre determinada enfermedad, estos grupos permiten recibir educación sobre la enfermedad, posibilidades de tratamientos, información de cómo mejorar los cuidados de salud, así como información sobre técnicas y terapias alternativas que servirán de complemento a los tratamientos médicos que están siguiendo.

Los grupos de apoyo brindan al paciente y sus familiares, confianza, seguridad, educación e información que les permite enfrentar la enfermedad con una actitud positiva, que les permita adquirir una mejor calidad de vida, activa y productiva.

Parte de estos grupo de apoyo están los grupos voluntarios, estos están formados por grupos de personas que tienen el objetivo de ayudar a las personas a sobrellevar su enfermedad por medio de la comprensión, la compasión, el acompañamiento y ayuda conseguir sus objetivos para sobrellevar su enfermedad, estos grupos voluntarios están conformados por pacientes, familiares de los pacientes, personas que vivieron la misma situación, personas altruistas, filantrópicos, profesionales, etc.

CALIDAD DE VIDA Y PARTICIPACION SOCIAL Y FAMILIAR

La calidad de vida es el grado de bienestar social general de los individuos y de una sociedad, no solo está referido a estándar o nivel de vida económico sino también a los indicadores de calidad de vida como son salud y bienestar física y mental, los indicadores de salud son instrumentos de evaluación que pueden determinar directa o indirectamente las modificaciones en la vida de un paciente dando así una idea del estado y situaciones de una condición física.

Los indicadores de calidad de vida están compuestos por variables que intentan objetivar un concepto, como la capacidad funcional de las personas, las expectativas de vida, el nivel de adaptación del sujeto en relación a su medio, son las herramientas que sirven para clasificar y definir de forma precisa los objetivos e impactos en la determinación de la calidad de vida, también sirve para medir y verificar hechos sociales, estas mediciones son mayormente cualitativos pero por ello no dejan de ser relevantes en las tomas de decisiones, son dinámicos por que permiten calcular y revelar tendencias económicas, sociales a través del tiempo, cuando hablamos de indicadores en calidad de vida estamos refiriéndonos a cuantificar y cualificar las necesidades y la forma de satisfacerla.

La calidad de vida depende de muchos variables, entre ellos lo económico y las oportunidades sociales, que incluyen bienestar material, salud, trabajo, productividad, intimidad, seguridad, comunidad y bienestar emocional; cuando intentamos determinar la calidad de vida de un paciente es necesario tomar en cuenta las siguientes variables:

- Apoyo social
- Actividades y recreación
- Condiciones económicas
- Satisfacción de las necesidades
- Servicios de salud y sociales
- Relaciones sociales
- Calidad del ambiente
- Habilidades funcionales
- Factores culturales
- Conjunto de valores
- Bienestar y comportamiento social
- Metas personales
- Calidad de las condiciones de vida
- Sentimientos de satisfacción

Todas esta variables no llevaran a determinar la calidad de vida que tiene el paciente durante el proceso de la enfermedad, otra variable importante a considerar es la calidad de vida de la familia que influye de forma sustancial en la calidad de vida del paciente, por lo que hay que tomar en cuenta la vida diaria, interacción familiar, bienestar económico, apoyo familiar y social, salud física y mental, productividad dentro de la familia, bienestar emocional, ambiente físico.

La calidad de vida tiene una valoración multidimensional, con criterios subjetivos como son satisfacción, bienestar, y auto-concepto; y criterios objetivos como salud general, estado funcional, nivel socioeconómico y condiciones de vida, estas variables deben ser medidas con instrumentos multidimensionales, adecuados, aceptables y psicométricamente viables, auto-complementados y adaptados culturalmente, valorándose cada situación de la vida del paciente, del cuidador familiar, del cuidador de salud, de la familia y del profesional de salud, el procedimiento más usado es el auto-informe; en la evaluación de la calidad de vida es fundamental tomar cuenta la variable edad, nivel cultural y social, desarrollo personal, condiciones familiares, tipo y condición de la enfermedad.

Las variables que se deben considerar en la evaluación e la calidad de vida de las personas con enfermedades terminales son:

- Factor físico, determinar las condiciones físicas en la que se encuentra el paciente,
- Rol, el rol que tiene dentro del grupo familiar,
- Factor social, el tipo de relaciones y actividades sociales que desarrolla el paciente,
- Factor emocional, referido a sus estados emocionales por los que pasa en paciente,
- Factor cognitivo, determinar las funciones cognitivas y actividad, tomando en cuenta las aéreas cognitivas afectadas,
- Fatiga, niveles de fatiga que presenta y grado de aumento o disminución y la medida de atención médica que recibe,
- Dolor, niveles de dolor, tolerancia al dolor, tratamientos y controles que recibe,
- Nauseas/ vómitos, frecuencias y tratamientos,
- Disnea,
- Insomnio,
- Apetito,
- Estreñimiento,
- Diarrea,
- Evaluación global sobre el estado físico y emocional.

La depresión y la ansiedad, son variables que deben ser evaluadas de manera especial, las enfermedades son generadoras de gran estrés en los pacientes y este estrés lleva al paciente a niveles de depresión y ansiedad que alteran de manera sobre especial su estado de salud y las respuestas a sus tratamientos y cuidados asistenciales y por ende afecta la calidad de vida de los pacientes; cuando se examinan los problemas de calidad de vida de las enfermedades crónicas y terminales se incluyen los problemas derivados de los tratamientos y que pueden afectar el bienestar, las habilidades funcionales y la propia salud del paciente, también es importante tomar en cuenta los tratamientos que se está recibiendo ya que estos tratamientos como la quimioterapia por ejemplo que pueden afectar la calidad de vida del paciente.

TERAPIAS ALTERNATIVAS
Y COMPLEMENTARIAS
A LA PSICOLOGIA

La medicina alternativa y la medicina complementaria es utilizada indistintamente con la medicina tradicional en algunos países, en otros países la medicina folklórica es complementaria a la medicina tradicional, todas estas son un conjunto de prácticas curativas que no son consideradas parte de la medicina tradicional o que no aplican a criterios científicos para demostrar su validez, entre estas prácticas se incluyen la acupuntura, la quiropráctica, homeopatía, masaje terapia, etc.

La diferencia que existe entre la medicina alternativa y la medicina complementaria es básicamente en el uso, cuando estas prácticas se usan solas se llaman alternativas y cuando se usan junto con la medicina convencional se llaman complementarias, para que una terapia alternativa se convierta en complementaria deberá ser comprobada su eficacia y a pesar de eso ambas cambian constantemente debido a la eficacia que tenga frente a los tratamientos de la medicina tradicional.

Encontramos varias formas de aplicación de la medicina y métodos de alivio para la salud como son:

- La medicina complementaria se usa junto a la medicina convencional como es el caso de la aromaterapia que sirve para ayudar a la comodidad del paciente después de la cirugía.
- La medicina alternativa se utiliza en lugar de a medicina convencional, como la dieta especial para el tratamiento del cáncer

en lugar de la cirugía, la radiación o la quimioterapia recomendada por el médico.

- La medicina tradicional, abarca una seria de terapias y prácticas usadas por los profesionales de la salud titulados, como la osteopatía, fisioterapia, psicólogos, paramédicos enfermeras, farmacólogos, alópatas, etc.
- Medicina Integral es la que combina terapias médicas formales y terapias médicas complementarias y alternativas para las que existen datos científicos de alta calidad con seguridad y eficacia.

El National Center for Complementary and Alternative Medicine (NCCAM) de los Estados Unidos clasifica las terapias de la medicina complementaria y alternativa en cinco categorías

- Sistemas médicos alternativos y complementarios, se basan en un conjunto de sistemas, teorías, práctica y productos que se consideran en general como parte de la medicina convencional o también son llamadas medicina occidental o alopática por ejemplo: la neuropatía, que estudia las propiedades y las aplicaciones de los agentes naturales como los alimentos vegetales, plantas medicinales, agua, sol, tierra y aire, con el objetivo de mantener y recuperar la salud alcanzando el equilibrio físico, mental y espiritual a través naturalizar los medios y las formas de vida del hombre, homeopatía, es un método basado en el descubrimiento de una sustancia medicinal que puede curar los mismos problemas que puede causar al varias la dosis de esa sustancia, usando hierbas, minerales o productos animales, es esencialmente un producto natural, la medicina china, son las prácticas médicas desarrolladas a lo largo de la evolución del pueblo chino, con bases filosóficas de su principal fundamento teórico y su experiencia reflejada en la teoría del concepto chi (ying y yang o energía vital) que regula el equilibrio espiritual, emocional, mental y físico y la doctrina de los 5 elementos como madera, fuego, tierra, agua y metal, que es una forma de clasificar los fenómenos naturales y su interrelación, por lo que sus métodos principales de tratamiento son la acupuntura, moxibustión, fitoterapia china, dieta china, practicas físicas como ejercicios, meditación relacionados a la respiración y la circulación de la energía, el tai chi chuan, etc., muchos utilizados como métodos profilácticos, su principal instrumento es la observación, el escuchar y oler, la historia del paciente y la pulsología para llegar a un diagnostico, y otras que son practicadas por quienes tienen título profesional en medicina, como los fisioterapeutas, psicólogos, enfermeras tituladas, etc.; los limites que separan la medicina complementaria y alternativa de la medicina convencional no son absolutos y con el tiempo pasan a ser de aceptación general, como son la acupuntura, y otros.

- Enfoque sobre la mente y el cuerpo, se centra en la interacción entre el cerebro, la mente, el cuerpo y el comportamiento, y usan la mente para afectar las funciones físicas y promover la salud, como son la meditación y el yoga, así como practicas de manipulación y basadas en el cuerpo, no es una categoría formal pero sirve para describir las prácticas de medicina complementaria y alternativa, utiliza técnicas diseñadas con el objetivo de afianzar la capacidad mental para afectar la función y los síntomas corporales, a través de grupos de apoyo, terapia cognitiva y conductual, meditación, terapias creativas, etc.

- Terapias biológicas, este campo incluye sustancias que se encuentran en la naturaleza con propiedades terapéuticas, tales como las hierbas, alimentos, vitaminas, minerales y otros suplementos dietéticos, la herbolaria, y demás terapias naturales que son de venta libre, algunos de estos se han incorporado a la medicina convencional.

- Métodos de manipulación y basados en el cuerpo, son las llamadas terapias de manipulación, basados en el movimiento de una o más partes del cuerpo cono por ejem., la quiropráctica, osteopatía, masaje terapia, la fisioterapia, realizados por profesionales de la salud, estos son parte de la medicina convencional o alternativa dependiendo de quién lo practica como médico, profano, técnico o sanador.

- Terapias sobre la base de la energía la NCCAM lo divide en terapia de
  - biocampo que es cuando la energía interviniente es la del propio cuerpo y las terapias y terapias bioeléctricas que son aquellas que usan equipos que producen energía que generan impulsos eléctricos, magnéticos o electromagnéticos; las terapias bioeléctricas son mas aceptadas por su desarrollo tecnológico que requieren investigación previa.
  - las terapias de energía cósmica o energía cuántica, parte del concepto de que la energía del cuerpo humano puede ser armonizada y equilibrada para conseguir la el equilibrio integral, valiéndose de

la relajación profunda y de masajes que permitan llegar a lugares del cuerpo donde se estanca la energía y las toxinas, a los que llama centros energéticos del cuerpo humano o centros chakras, usando métodos como el reiki, quantum touch, touch for health, terapia pránica, imposición de manos y muchas más, son las llamadas técnicas de sanación y generadoras de salud, de armonización de los puntos energéticos y activador de energía con la finalidad de lograr la armonización mental, espiritual y corporal, buscando la sanación energética que es una combinación de terapias de relajación corporal y mental con armonización de la energía interna, son técnicas de prevención natural y son llamas terapias holísticas.

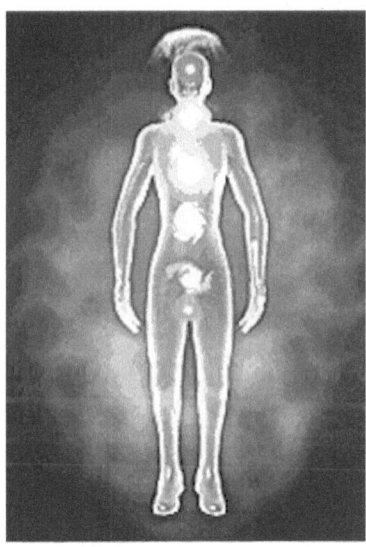

Fig. Centros energéticos del cuerpo humano o chakras

Las terapias y alternativas y complementarias tienen un gran contenido psicológico que ayudan a las personas a comprender mejor lo que están viviendo en busca de una mejor calidad de vida a través de su participación activa en los tratamientos médicos, en la recuperación, mantenimiento y prevención de su salud y sus familia, por lo que se ve la necesidad de educar a la población para dar un buen uso a estas terapias alternativas y complementarias, que son de gran ayuda para una vida saludable física, mental y espiritual que es la base a una mejor adaptación social y para una vida plena y feliz.

CONCLUSION:

El estrés es la principal variable que debe ser modificada para gozar de buena salud y evitar las enfermedades este es un tema fundamental en la calidad de vida de las personas, controlando el estrés tendremos un mejor rendimiento laboral, buenas relaciones familiares y sociales, buena salud, una mejor adaptación a los cambios externos e internos propios en la vida de cada persona. El estrés como el desequilibrio biológico y psicológico trae como consecuencia cambios biológico, de adaptación y de interrelaciones dentro del ámbito social y familiar, ocasionando una serie de dificultades que nos lleván a un desequilibrio total en nuestras vidas, es por eso que una de nuestras preocupaciones es el equilibrio emocional de las personas en las diferentes edades de la vida (niños, adolescentes, adultos y ancianos).

Los estados emocionales de las personas afectan directamente el funcionamiento del organismo, desencadenando diversas enfermedades, mala relación familiar y social, disminución en el rendimiento laboral, y un desequilibrio completo de las personas.

Desde el año 1999 asistimos a personas que se enfrentan diariamente al estrés y de alguna manera sufren con síntomas físicos que les resulta difícil controlar, apersonas que padecen alguna enfermedad crónica y muchas veces a pacientes terminales con la finalidad de ayudarlos a obtener una mejor calidad de vida, y en otras oportunidades a seguir con sus vidas de tal manera que tengan vidas satisfactorias.

La Terapia Psicológica resulta para muchas personas un arma poderosa para el control y manejo del estrés, y para lograr la calidad de vida satisfactoria a la que toda persona tiene derecho.

Psic. Olga M. Salaverry

ANEXO 1

CUESTIONARIO DE APOYO SOCIAL MOS

Es un cuestionario multidimensional, auto administrado fue desarrollado por MOS, grupo de estudio con el objetivo de diferentes los estilos de la practica medica en la atención primaria en los Estados Unidos, y para analizar distintas dimensiones de recursos en pacientes con distintas enfermedades.

Este cuestionario investiga cuatro dimensiones de apoyo social, Emocional/ informacional; Instrumental; Afectivo; Interacción Social Positiva

Consta de 20 ítems, el primero que informan sobre el tamaño de la red social, se registra por un número y los 19 restantes se miden por una escala de likert de 1 a 5.

Las siguientes preguntas se refieren al apoyo o ayuda de que Ud. dispone

1. Aproximadamente, Cuantos amigos íntimos o familiares cercanos tiene Ud.? (personas con las que se encuentra a gusto y puede hablar acerca de todo lo que se le ocurra)

Escriba el número de amigos íntimos y familiares cercanos

La gente busca a otras personas para encontrar compañía, asistencia u otros tipos de ayuda. Con que frecuencia dispone Ud. De cada uno de los siguientes tipos de apoyo cuando lo necesita?

(Marque con un circulo uno de los números que corresponde a su respuesta en cada fila)

		Nunca	Pocas Veces	Algunas	La mayoría de veces	Siempre
2.	Alguien que lo ayude cuando tenga que estar en la cama	1	2	3	4	5
3.	Alguien con quien pueda contar cuando necesita hablar	1	2	3	4	5
4.	Alguien que le aconseje cuando tenga problemas	1	2	3	4	5
5.	Alguien que le lleve al médico cuando lo necesite	1	2	3	4	5
6.	Alguien que le muestre amor y afecto	1	2	3	4	5
7.	Alguien con quien pasar un buen momento	1	2	3	4	5
8.	Alguien que le informe y le ayude a entender una Situación	1	2	3	4	5
9.	Alguien en quien confiar o con quien hablar de si mismo y sus preocupaciones	1	2	3	4	5
10.	Alguien que le abrace	1	2	3	4	5
11.	Alguien con quien pueda relajarse	1	2	3	4	5
12.	Alguien que le prepare la comida si ud. no puede Hacerlo	1	2	3	4	5
13.	Alguien cuyo consejo realmente desee	1	2	3	4	5
14.	Alguien con quien hacer cosas que le sirvan para olvidar sus problemas	1	2	3	4	5
15.	Alguien que le ayude en sus tareas domésticas si esta enfermo	1	2	3	4	5
16.	Alguien con quien compartir sus temores y Problemas más íntimos	1	2	3	4	5
17.	Alguien que le aconseje como resolver sus Problemas personales	1	2	3	4	5
18.	Alguien con quien divertirse	1	2	3	4	5
19.	Alguien que comprenda sus problemas	1	2	3	4	5
20.	Alguien a quien amar y hacerle sentirse querido	1	2	3	4	5

Los ítems 3,4,8,9,13,16,17 y 19 miden la percepción de apoyo emocional, entendiendo como expresión de afecto y comprensión empática y el informacional referido a guía, oferta de consejo e información.

La provisión de ayuda material o apoyo instrumental valora los ítems lo valora los ítems, 2, 5,12 y 15.

La interacción social positiva o disponibilidad de personas con las que a salir para distraerse o divertirse la miden los ítems 7, 11,14 y 18.

El apoyo afectivo incluye las expresiones de amor y afecto, corresponden a las preguntas 6,10 y 20/

El índice global de apoyo se obtiene sumando los puntos de los 19 ítems del cuestionario.

Una valoración del apoyo global inferior a 57 se considera de bajo nivel

ANEXO 2

ESCALA DE EVALUACIÓN DE
REAJUSTE SOCIAL (SRRS) DE HOLMES Y RAHE

Esta escala consta de 43 situaciones que pueden ser percibidas como negativas o no deseables, causando estrés en el individuo. Los distintos acontecimientos se refieren a aspectos de la familia, el hogar, el trabajo, la comunidad o la economía.

Cada ítem tienen una puntuación denominada "unidad de cambio vital", estas puntuaciones oscilan desde 100 puntuación más máxima, referida al acontecimiento más grave como muerte del cónyuge, hasta 11 que es la menos relevante.

Indicación: Señale con un círculo aquel o aquellos acontecimientos vitales que le han sucedido en el último año.

ESCALA DE EVALUACION DE REAJUSTE SOCIAL
HOLMES Y RAHER

1.	Muerte del cónyuge	100
2.	Divorcio	73
3.	Separación matrimonial	65
4.	Encarcelación	63
5.	Muerte de un familiar cercano	63
6.	Lesión o enfermedad personal	53
7.	Matrimonio	50
8.	Despido del trabajo	47
9.	Paro	47
10.	Reconciliación matrimonial	45
11.	Jubilación	45
12.	Cambio de salud de miembro familia	44
13.	Drogadicción y/o alcoholismo	44
14.	Embarazo	40

15.	Dificultades o problemas sexuales	39
16.	Incorporación de un nuevo miembro a la familia	39
17.	Reajuste de negocio	38
18.	Cambio de situación económica	38
19.	Muerte de un amigo íntimo	37
20.	Cambio en el tipo de trabajo	36
21.	Mala relación con el cónyuge	35
22.	Juicio por crédito o hipoteca	30
23.	Cambio de responsabilidad en el trabajo	29
24.	Hijo o hija que deja el hogar	29
25.	Hijo o hija que deja el hogar	29
26.	Problemas legales	29
26.	Logro personal notable	28
27.	La esposa comienza o deja de trabajar	26
28.	Comienzo o fin de la escolaridad	26
29.	Cambio en las condiciones de vida	25
30.	Revisión de hábitos personales	24
31.	Problemas con el jefe	23
32.	Cambio de turno o condiciones laborales	20
33.	Cambio de residencia	20
34.	Cambio de colegio	20
35.	Cambio de actividades de ocio	19
36.	Cambio de actividad religiosa	19
37.	Cambio de actividades sociales	18
38.	Cambio de hábito de dormir	17
39.	Cambio en número de reuniones familiares	16
40.	Cambio de hábitos alimentarios	15
41.	Vacaciones	13
42.	Navidades	12
43.	Leves transgresiones de la ley	11

Nota: Esta escala de evaluación de Reajuste Social evalúa los acontecimientos de cambio vital.

Cuando la suma de las respuestas es igual o superior a 150 UCV (Unidades de cambio vital), en el último año, se considera que estos acontecimientos pueden afectar negativamente a la familia o al estado de salud de de sus miembros, si es sobre 200 UCV/año, se asocia con frecuencia a problemas de tipo psicosocial.

ANEXO 3

CASOS CLINICOS

Ejemplo 1: General

Una persona físicamente enferma con malestares y dolores físicos está sometida a un gran estrés que le provoca cambios emocionales como depresión, irritabilidad, etc.; si esta enfermedad persiste por periodos largos se convierte en un problema de salud mental, aparece la enfermedad mental, que a su vez provoca el aislamiento social, ausencia en el trabajo o escuela y a reuniones familiares y sociales, todo estos eventos juntos dan inicio a la desesperanza la desilusión provocando la perdida de fe que es básicamente la perdida de la esperanza de algo mejor, apareciendo nuevos sistemas de creencias y muchas veces descartando las anteriores como puede ocurrir que el sujeto cree que se enfermo porque dios lo está castigando.

Ejemplo 2: Especifico de una familia

Padre y madre con problemas de relación donde existen peleas constantes, separaciones frecuentes, maltrato físico o psicológico a los hijos, el hijo menor (5) enferma de leucemia linfática aguda, no responde a los tratamientos médicos, se aísla de los hermanos y se vuelve muy callado, irritable y agresivo ante los demás familiares, el pronóstico de la enfermedad es alentador por que tiene un hermano que puede donarle medula, se enfrenta al trasplante pero responde desfavorablemente, enfermedad avanza y se piensa no hay solución.

Respuestas:

- Biológico ——— Aparición de la enfermedad la leucemia linfática aguda.
- Psicológica ——— La presencia del estrés provoca irritabilidad, agresividad, miedo, angustia y ansiedad produciéndose así la depresión.

- Social   —— Aislamiento familiar, mutismo, ensimismamiento.
- Espiritual   —— Cree que la pelea entre sus padre es por su causa, que si él no hubiera nacido sus padres no tendrían tantos problemas y que por traerle problemas a sus padre Dios lo ha castigado con esa enfermedad que le provoca mucho malestar y los médicos de alguna manera lo siguen castigando al hacerle tantas cosas.

Ejemplo 3: Paciente con Cáncer de Cerviz

Mujer de 67 años, expuesta a perdidas constantes a lo largo de su vida a los 2 años fue entregada a una mujer que la educo como si fuera su hija se caso a la edad de 23 años y tiene 3 hijos a pocos días de nacer el tercer hijo el esposo muere de un derrame cerebral, y a los 10 meses fallece la madre sustituta, ella se encuentra sola con tres hijos pequeños que se vuelven la razón de su vida, trabajo y dedica su vida entera a los hijos cuando los hijos crecen se casan y toman su camino cada uno viviendo cada hijo en una ciudad diferente, razón por la que la paciente realiza viaje constantes de visita a los hijos, tiene su casa y vive sola ya que los hijos están lejos, se asila de los hermanos y amigas, al cabo de 5 años de llevar esta vida es diagnosticada de Cáncer Cérvix, ella aparentemente desconoce la enfermedad que posee, y responde inicialmente al tratamiento, una hija vuelve a la casa materna provocando así una ruptura matrimonial, es así que la paciente piensa que esos tratamientos interfieren en la vida diaria de sus hijos, y que ya es un estorbo ya que todo su razón de vivir que tenia la perdió cuando sus hijos se casaron, en la consulta manifiesta que ya no tiene razón para seguir adelante que sus hijos ya tienen su vida propia y que ella solo puede ser un estorbo y que le pide a Dios se la lleve para no interferir en la vida de sus hijos.

Las respuestas a los tratamientos disminuyen, la enfermedad después de haber hecho remisión vuelve y se convierte en metástasis y fallece a los pocos días.

Respuestas:

- Biológica   —— Aparición del Cáncer Cérvix.
- Psicológica   —— Sentimientos de soledad y abandono desencadenando depresión.

- Social   —— Aislamiento social.
- Espiritualidad —— Con fuertes creencias religiosas y pedir a Dios se la lleve para no interferir en la vida de sus hijos

Ejemplo 4: Paciente con Sida

Mujer de 26 años que se dedico a la prostitución desde los 18 años, 5º hija de 9 hermanos, hijos de la misma madre y de diferente padre vivió con el padre hasta los 5 años y posteriormente con sus hermanos hasta los 20 años de ahí para adelante vivió sola en un apartamento con sus parejas ocasionales, es diagnosticada de HIV a los 24 años.

El HIV lo contrajo por la promiscuidad sexual, pero al contraer la enfermedad la paciente asume que ha sido castigada por Dios porque es un demonio que ha hecho mucho mal durante su vida, desde el momento en que nace razón por la cual su madre la abandona, vivió con sus hermanos y dice haber sido mala con ellos a pesar de que sus hermanos mayores cuidaron de ella, ella jamás se hizo cargo de sus hermanos menores porque considera que el mala y esa maldad fue heredada, por lo que considera que debe morir con mucho sufrimiento, negándose a recibir asistencia médica, es solo al final de su enfermedad cuando recibe ayuda médica pero a pesar de eso considera que no la merece y se mantiene sola en su apartamento negándose la visita de los hermanos.

Respuestas:

- Biológica   —— Diagnosticada de HIV
- Psicológica   —— Baja autoestima, baja valoración, pobre concepto de sí misma, depresión.
- Social   —— Aislamiento total, de la familia, amigos y la sociedad negándose a recibir asistencia médica.
- Espiritual   —— Piensa que es un demonio razón por la cual su madre la rechaza y posteriormente su padre, piensa que como demonio hizo daño a sus hermanos con su conducta endemoniada, y por lo tanto debe ser castigada con esta enfermedad tan terrible, cree que jamás será perdonada por Dios y que se irá al infierno por lo que su conducta la lleva a hacer y decir cosas que lastimen a quien la visite.

Estos ejemplos muestran la relación y dependencia que existe entre cada uno de los elementos que conforman el proceso BIOPSISOES, este proceso no tiene un componente que inicie ni finalice, todos los elementos coexisten dentro de un proceso circular que se condiciona uno con otro y así sucesivamente.

ANEXO 4

EJEMPLO PRÁCTICO PARA LA BUSCA DE LA ARMONIA PERSONAL

En nuestra búsqueda de la armonía personal debemos tomar en cuenta diez puntos principales que corresponden a la práctica de la vida diaria que están dirigidos a las necesidades fundamentales de cada individuo en busca del bienestar físico, su experiencia psicológica, su desarrollo espiritual y su adaptación al medio social al que pertenece:

1. Enfrentar la realidad y la propia vida a través del planteamiento de metas
2. Desarrollar estrategias en la administración de una vida útil y apropiada
3. Crear confianza y seguridad para la supervivencia individual y social.
4. Centrar la identidad personal a través del quien soy
5. Crear objetivos para alentar el contacto con otras personas, y a la comunicación satisfactoria
6. Entender y reconocer las limitaciones personales y sociales y enfrentarlas de manera constructiva
7. Buscar las oportunidades de liberar energía personal para estimular la vitalidad y la creatividad frente a una situación dada.
8. Desarrollar la empatía para una comunicación más efectiva
9. Buscar medios que me permitan oportunidades de trabajo y competencia, para lograr la estructuración y una buena organización de mis ideales en busca de una mejor adaptación social y personal que logren llevar mis sueños a la realidad.
10. Valorar ambiento eco-social y comprender la existencia humana en el ecosistema a través de la comprensión personificada de los valores éticos sociales.

Estos diez puntos resultan muy útiles para encontrar la armonía personal y la adaptación en la y en la sociedad, pero antes de buscar la armonía debemos comprender que es esa armonía y si tenemos claro lo que significa armonía para cada uno de nosotros entonces estamos listos para poner en práctica estos diez puntos en nuestras vidas diaria.

REFERENCIAS BIBLIOGRÁFICAS

1. Abbagnano, Nicola; "Diccionario de Filosofía", México: Fondo de Cultura Económica, 1966.
2. Almendro, Manuel; "Psicología y Psicoterapia Transpersonal" ISBN:978-84-7245-422-4; Ed. Kairós; España, 1994
3. American Psychiatric Association, " Diagnostic and Statistical Manual of Mental Health" DSM-IV.
4. Asociación Española Contra el Cáncer (AECC); "Cáncer de Mama: Guía práctica"; Editado por Colopast; Madrid, España; www.aecc.es; 2002.
5. Astudillo, W., & Mendinueta, C., "Importancia del Apoyo Social en la Terminalidad" Sociedad Vasca de Cuidados Paliativos, España, 2001.
6. Assagioli, Roberto; "El acto de la voluntad: Un enfoque de la Psicología humanista", México, Ed. Trillas, 1989.
7. Bear, M.F., Ph.D.; Connors, B.W., Ph.D.; Paradiso, M.A., Ph.D.; "Chemical control of brain and Behavior"; chap. 15 and 18; "Neuroscience: Exploring the Brain";3º Ed.; ISBN:0-7817-6003-8; United State; 2006.
8. Boadella, David; Corrientes de vida. Editorial Paidos Ibérica, Bs. As., 1993.
9. Beck, Aaron T.; "Cognitive Therapy of Depression"; ISBN:0-89862-919-5, United State; 1979.
10. Falla Caceres, Hilda; "Experiencia y conocimiento de Hume"; Madrid: Facultad de Filosofía y Letras, 1970.
11. Fernández Castillo y López Naranjo "Transmisión de Emociones, Miedo y Estrés infantil por Hospitalización", International Journal of Clinical and Health Psychology; Asociación Española de Psicología

Conductual; ISSN: 1697-2600; Vol. 6, n°3,pp 631-645; Granada, España, 2006.

12. Fernández, B& Yelamos C., "Rehabilitación Social del Enfermo con Cáncer", ISSN: 0213-8573; Vol. 20, n° 1, 2006.

13. George F. Salomón; Psiconeuroinmunología: Sinopsis de su historia, evidencia y consecuencias, Segundo Congreso Virtual de Psiquiatría, Interpsiquis, 2001. Mesa Redonda: Psicosomática.

14. Gonzales A., Fernández C., García G.; Soler J.; Arce C.; Cueto J.; "Parámetros de calidad de vida en pacientes oncológicos terminales en hospitalización domiciliaria" Psicotherma ISSN:0214-9915, CODEN PSOTEG, 2001, Vol. 13, n° 2, pp. 310-317.

15. Hume, David; "Tratado de la Naturaleza Humana" Edición Orbi, Madrid, España,1984.

16. Jung, C.G.; "Memories, Dreams, Reflection"; ISBN:0-679-72395-1, Vintage Books Edition, 1973; United State.

17. Jung, CG.; "El Hombre y sus Símbolos"; Editorial Paidos; ISBN:84-493-0161-0; España, 1995

18. Jung, C.G.; "The Association Method & Psychological Types",; Edición Kindle,

19. Holland, Jimmie C. and Lewis, Sheldon; "The Human Side of Cancer"; ISBN:0-06-017371-8; United State; 1999.

20. Insa L.L, Monleón M.A.B., e Espallargas, A.P.; " The Cáncer Patient: An Approach to Social Representation" Revista Psicologia & Sociedades; 22(2): 318-327, 2010.

21. Lecaros, Juan Alberto; "El respeto a la vida: Biocentrismo en la ética medio ambiental"; Revista Selecciones de Bioética n° 15, Mayo, 2009, ISSN:1657-8856.; pp. 63-68; Instituto de Bioética-Cenalbe, Bogotá, D.C. Colombia.

22. "Libro de Urantia", Edicion Fundacion de Urantia, Ed. Kindle.

23. Machleidt, W., y otros; "Trastorno Psicosomáticos y Psicoterapia", ISBN: 844581263-7; Barcelona, España, 2004.

24. Muñoz Cobos F.; "La Familia en la Enfermedad Terminal", Revista Medicina de Familia; Vol. 3, n°3, Set., 2002.; Sociedad Andaluza de Medicina Familiar y Comunitaria, España.

25. Murphy, Joseph; "The Power of your Subconscious Mind" Ed. Kindle.

26. Oberst, Ursula; Ibarz, Virgili; Leon, ramón; "La psicología Individual de Alfred Adler y la Psicosintesis de Oliver Brachfeld", Revista de Neuropsiquiatría, 2004; 67: 31-44.

27. Organización Mundial de la Salud (OMS); "Cara a Cara con la Enfermedad Crónica" (2006) http://www.who.int/features/2005/chronic_diseases/es

28. Organizacion Mundial de la Salud (OMS); Versión Panamericana del método STEP wise de la OMS para la vigilancia de riesgo de la enfermedades crónicas, v2.0.

29. Organización Mundial de la Salud (OMS); "Cancer Pain and Palliative Care", 1990.

30. Pierre J. Magistretti, Luc Pellerin & Jean-Luc Martin; Neuropsychopharmacology: The Fifth Generation of Preogress, The Fourth Generation of progress, Proyect # 405154 ; American College of Neuropsychopharmacology; NY, USA; 1995.

31. Raja-aari Oreb; "Bases Esenias" Edi. Kier; Bs. As. Argentina; 1980.

32. Revista Selecciones de Bioética Nº 15 del Instituto de Bioética del Pontificia Universidad Javeriana de Colombia.

33. Rimpoché, Sogyal; "El libro Tibetano de la Vida y de la Muerte" Editado por Gaffney, Patrick y Harvey, Andrew, ISBN: 84-226-S154-8; Ediciones Urano, S.A.; España, 1994.

34. Rizzolatti, Giacomo; "Las neuronas espejo te ponen en el lugar del otro" Diario "El País" Madrid, España, 19 de Octubre 2005.

35. Rodriguez, A.; "Perspectiva y Verdad. El Problema de la Verdad en Ortega", Madrid: Revista de Occidente, 1966.

36. Salcedo, C.M., Chaskel, Roberto; "Impacto Social del cáncer en Niños y Adolescentes", CCAP; Vól. 8, n°3, Bogota, Colombia.

37. Shebourne C.D., Steward AL. "The MOS Social Support Survey", Social Science Medic, Vol. 32, n° 6, pp705-714, California, USA; 1991

38. Schuster W. Dr.med., Reich S. Encyclopedia of Bioethics, New York, 1978.

39. Strassman Rick, M.D.; "DMT Spirit Molecule", ISBN:978-0-89281-927-0; United State.

40. Tealdi, Juan Carlos; "Bioética y Derechos Humanos"; Revista Selecciones de Bioética n° 15, Mayo, 2009, ISSN:1657-8856.; pp. 76-84 Instituto de Bioética-Cenalbe, Bogotá, D.C. Colombia.

41. Turner, Lorraine; " Guía de Meditación"; ISBN:1-40540-247-4; Bridgewater Book Company Ltd.; España; 2004.

42. Velarde Jurado, Elizabeth y Ávila Figueroa, Carlos; "Salud Publica de México", Vol. 44, N° 4, Julio-Agosto 2002.

43. Wilber, Ken; "La consciencia sin fronteras" Traducción: Marta I. Guastavino; Ed. Kairós, ISBN:84-7245-278-6; España,1984.

44. Wyzynski, A./Wyzynski, B.;"Manual de Psiquiatría para Pacientes con Enfermedades Medicas", ISBN:844581576-8; Barcelona, España; 2006.